死後事務委任契約
相談対応マニュアル

―契約の提案から締結・履行、事務の終了まで―

編集代表　尾島　史賢（弁護士・関西大学大学院法務研究科教授）

編集委員　溝上　絢子（弁護士）
　　　　　仲谷　仁志（弁護士）

はしがき

　死後事務委任契約の締結を検討するのは、判断能力に衰えを感じたり、身の回りに頼れる親族や知人がいなかったりして、自らの死亡後の事務を執り行ってくれる者がいないことによる不安がある高齢者がほとんどであろう。このように死後事務委任契約における委任者＝相談者が高齢者である点に、死後事務委任契約の特殊性があると言える。相談者の不安な思いを汲み取り、生前に相談者の死亡後の事務を信頼できる受任者に委託することで安心して老後の生活を送ることができるようにすることが死後事務委任契約の大きな役割であると言えよう。

　総務省が令和5年8月7日に公表した「身元保証等高齢者サポート事業における消費者保護の推進に関する調査〈結果に基づく通知〉」（以下「総務省調査」という。）によると、高齢化の進展や核家族化等に伴い、高齢単独世帯や高齢夫婦のみ世帯が増加していることを背景に、親族による支援を受けることが困難な高齢者を対象として、病院への入院や高齢者施設等への入所時の身元保証、日常生活支援、死後事務等のサービスを行う「身元保証等高齢者サポート事業」が出てきているとのことである。当該事業は、今後、ますます需要が高まっていくものと見込まれるなどと報告されている一方で、事業者の経営破綻に伴うトラブル等も発生していることから、利用者が安心できるサービス・事業者の確保が課題であるとも述べられている。

　この総務省調査においては、具体的に、【留意すべき事項・対応の方向性】として、「情報開示のルール化」「公正な契約手順の確保」「利用者の理解を確認しながらの丁寧な説明」「預託金の管理方法のルール化」「解約時の返金ルールの明確化」「費用・料金内容の一層の明確化」等が挙げられている。これらの指摘は、死後事務委任契約についても当てはまるものであると言えよう。

　本書では、死後事務委任契約の締結を検討する相談者から受任者が相談を受ける際の対応マニュアルを記載している。

　相談者が死後事務委任契約の締結を検討する際には、相談者にとって自らの死亡後の事務の処理がどのように執り行われることになるか不安があることから、まずは、このような相談者の不安を聴き取ることから始める必要がある。また、死後事務には、「葬儀・納骨等・法要」「病院・高齢者施設」「行政機関への届出」「住居」「公共・通信サービス」「デジタル遺品」「ペット」等相談者のニーズに応じて多種多様な事柄がある。このため、本書では、死後事務委任契約における受任者は、相談者に対し、死後事務委任契約を提案（第1章）し、死後事務についての希望等の確認（第2章）をする必要があるとともに、契約の締結（第3章）、契約締結後の定期連絡（第4章）、準備及び履行（第5章）、死後事務委任契約の終了（第6章）の各段階における様々な留意点に注意を払う必要があるため、これらを死後事務委任契約における受任者の立場からわかりやすく記載したつもりである。また、「ケーススタディ」として、よくあ

る疑問について、Q＆A形式で掲載するとともに、そのほかにも、「参考書式」として、死後事務委任契約における受任者が作成する書面の記載例や、行政機関への届出書式の記入例、死後事務委任契約書条項例等を掲載している。なお、死後事務委任契約書条項例については、「実務家が陥りやすい　死後事務委任契約の落とし穴」（新日本法規出版、2023年）を参考にされたい。

　生前ないし死亡後の財産の管理及び処理に関する契約や制度には、死後事務委任契約だけでなく、主に財産管理契約や任意後見契約、法定後見制度、遺言がある。前三者は委任者ないし本人の生前の財産管理に主眼を置くものであるとともに、委任者ないし本人の死亡により終了する。一方、遺言は、本人の死亡後に効力が生じるものではあるが、法的な拘束力が生じるのは法定遺言事項に限られるため、法定遺言事項以外の事項の処理を確実に委ねることができない。死後事務委任契約は、委任者が生前に自らが死亡した場合に備え、受任者に対し、死亡後の事務を委託するものであり、遺言で定めることのできない法定遺言事項以外の事項の処理を委ねることができる。このため、これらの契約や制度の間隙を埋めるものとして期待されているのである。もっとも、これらの契約や制度をそれぞれ単独で利用するのではなく、複合的に取り入れていくべきであると考えられる。
　本書では、死後事務委任契約を中心に、当該契約に関連する限りにおいて、これらの契約や制度を取り上げていることに留意されたい。

　本書の読者としては、弁護士や司法書士等の法律の専門家だけでなく、今後、死後事務委任契約の受任者となり得る社会福祉協議会や相続人、親族等を想定しており、よりわかりやすい記載を心掛けたつもりである。本書が死後事務委任契約における受任者となる読者の役に立つことを切に願うところである。

　最後に、本書の企画から出版に至るまで、新日本法規出版の中村佳代子さんには今回も大変お世話になった。ここに感謝申し上げる次第である。

令和6年10月

編集代表
弁護士・関西大学大学院法務研究科教授
尾　島　史　賢

編集・執筆者一覧

《編集代表》

弁護士・関西大学大学院法務研究科教授
　尾　島　史　賢（尾島法律事務所）

《編集委員》

　弁護士　溝　上　絢　子（弁護士法人　なにわ共同法律事務所）

　弁護士　仲　谷　仁　志（神戸あかり法律事務所）

《執筆者》（五十音順）

　弁護士　奥　村　雅　美（小池綜合法律事務所）

　弁護士　尾　島　史　賢（尾島法律事務所・関西大学大学院法務研究科教授）

　弁護士　口　元　一　平（弁護士法人　堀総合法律事務所）

　弁護士　仲　谷　仁　志（神戸あかり法律事務所）

　弁護士　一津屋　香　織（尾島法律事務所）

　弁護士　福　塚　圭　恵（共栄法律事務所）

　弁護士　溝　上　絢　子（弁護士法人　なにわ共同法律事務所）

　弁護士　山　本　達　也（天王寺総合法律事務所）

　弁護士　山　本　知　広（尾島法律事務所）

略　語　表

＜法令の表記＞

　根拠となる法令の略記例及び略語は次のとおりです。

　民法第111条第1項第1号＝民111①一

一般法人	一般社団法人及び一般財団法人に関する法律	任意後見	任意後見契約に関する法律
介保	介護保険法	番号	行政手続における特定の個人を識別するための番号の利用等に関する法律
狂犬病	狂犬病予防法		
献体	医学及び歯学の教育のための献体に関する法律	番号令	行政手続における特定の個人を識別するための番号の利用等に関する法律施行令
後見登記	後見登記等に関する法律		
国年	国民年金法	弁護士	弁護士法
国年則	国民年金法施行規則	保険	保険法
国保	国民健康保険法	墓地	墓地、埋葬等に関する法律
信託	信託法	墓地規	墓地、埋葬等に関する法律施行規則
臓器移植	臓器の移植に関する法律		
動物愛護	動物の愛護及び管理に関する法律	民	民法
		旅券	旅券法
動物愛護則	動物の愛護及び管理に関する法律施行規則		

＜判例の表記＞

　根拠となる判例の略記例及び出典の略称は次のとおりです。

　最高裁判所平成4年9月22日判決、金融法務事情1358号55頁
　　＝最判平4・9・22金法1358・55

判時	判例時報
金法	金融法務事情

目　次

はじめに

第1　死後事務委任契約の趣旨を理解する
1　死後事務委任契約……………………………………………………… *3*
2　死後事務委任契約締結の必要性……………………………………… *3*
3　死後事務委任契約の利用実態………………………………………… *3*

第2　受任できる事務を理解する
1　死後事務委任契約の有効性…………………………………………… *4*
2　遺言との関係…………………………………………………………… *4*
3　実務上の対応…………………………………………………………… *5*

第3　他の契約や制度における死後事務の対応範囲を理解する
1　他の契約や制度における死後事務の対応範囲……………………… *5*
2　死後事務委任契約と他の契約や制度との使い分け………………… *7*

第1章　死後事務委任契約の提案

　　＜フローチャート～死後事務委任契約の提案＞…………………… *13*
　1　相談内容の把握　*14*
　　（1）　死亡後の不安や思いの聴き取り　*14*
　　（2）　相続人や親族の有無・関係性等の聴き取り　*15*
　　（3）　相談者の意思能力の確認　*16*
　　（4）　死後事務に要する費用・報酬確保の可否（財産状況、収支状況等）の確認　*17*
　2　遺言の有無、遺言執行者の指定の有無の確認　*17*
　　（1）　遺言制度　*17*
　　（2）　遺言執行者　*19*
　3　死後事務委任契約の提案・説明　*20*
　　（1）　死後事務委任契約における委任事務の範囲の提案・説明　*20*
　　（2）　死後事務に要する費用・報酬の提案・説明　*20*

4 死後事務委任契約を補完する契約や制度の提案　*20*
（1）　財産管理契約　*20*
（2）　任意後見契約　*21*
（3）　死因贈与契約　*21*
（4）　遺　言　*22*

第2章　死後事務についての希望等の確認

第1　葬儀・納骨等・法要に関する事務処理
＜フローチャート～葬儀・納骨等・法要に関する事務処理＞ ……… *25*
1 　相続人・親族・関係者へ相談者死亡の事実を連絡することの要否及びその対象者の確認　*26*
（1）　相続人がいる場合　*26*
（2）　相続人がいない場合　*27*
2 　死亡届提出予定者の確認及び提出予定者がいない場合における任意後見契約締結の検討　*28*
（1）　死亡届提出予定者の確認　*28*
（2）　提出予定者がいない場合　*29*
3 　献体・臓器提供についての希望の確認　*29*
（1）　献体を希望している場合　*30*
（2）　臓器提供を希望している場合　*31*
4 　葬儀・納骨等についての希望の確認　*32*
（1）　葬儀についての希望の確認　*32*
（2）　納骨等についての希望の確認　*33*
5 　法要についての希望の確認　*34*
（1）　法要についての希望の確認　*34*
（2）　年忌法要の弊害　*35*
6 　親族の同意の確認　*35*
【参考書式1】　死後事務委任契約書条項例（葬儀・納骨等・法要に関する事項）　*37*

第2　病院・高齢者施設に関する事務処理
＜フローチャート〜病院・高齢者施設に関する事務処理＞………… 38
1　病院への入通院・高齢者施設等の利用状況の確認　39
（1）　自宅に居住し病院に入通院している場合　39
（2）　高齢者施設等に入居している場合　39
2　身元引受人等の有無の確認　40
（1）　身元引受人等の役割　40
（2）　身元引受人等になれる者　40
（3）　身元引受人等が存在する場合の死後事務委任契約　40
（4）　身元引受人等が存在しない場合の死後事務委任契約　41
3　任意後見契約締結の検討　43
（1）　任意後見人の代理権　43
（2）　任意後見契約と死後事務委任契約との関係　44
4　相続債務の弁済についての希望の確認　45
（1）　委任事務として弁済すべき相続債務の範囲の特定　45
（2）　預り金の要否及びその額の検討　45
【参考書式2】　死後事務委任契約書条項例（病院・高齢者施設等に関する事項）　48

第3　行政機関への届出に関する事務処理
＜フローチャート〜行政機関への届出に関する事務処理＞………… 49
1　マイナンバーカードの保有の有無と各種紐付けの確認　50
（1）　マイナンバーカードの保有の確認　50
（2）　各種紐付けの確認　50
2　受任する事務及び履行権限の有無の確認　51
（1）　国民健康保険、介護保険　51
（2）　年金受給資格　52
（3）　マイナンバーカード・運転免許証・パスポートの返還　53
【参考書式3】　死後事務委任契約書条項例（行政機関への届出に関する事項）　54

第4　住居に関する事務処理
＜フローチャート〜住居に関する事務処理＞……………………… 55

1 居住形態の確認　*56*
　（1）持家の場合　*56*
　（2）賃貸住宅の場合　*58*
　（3）サービス付き高齢者住宅の場合　*58*
2 賃貸住宅・サービス付き高齢者住宅等の契約解除等に関する確認　*59*
　（1）賃貸借契約の解除及び残置物の処理等を内容とする死後事務委任契約の確認　*59*
　（2）賃貸借契約の解除についての推定相続人の承諾　*60*
　（3）敷金・保証金の受領方法の確認　*60*
3 遺品整理に関する希望の確認　*61*
　（1）遺品の引渡し先の確認　*61*
　（2）廃棄処分を希望する場合　*61*
　（3）形見分けの希望がある場合　*62*
　（4）神具、仏具等の処分の希望がある場合　*62*
4 遺言・死後事務委任契約の整合性の確認　*63*
【参考書式4】　死後事務委任契約書条項例（住居に関する事項）　*64*
　　　　　　　①〔相談者の住居が賃貸住宅である場合〕　*64*
　　　　　　　②〔仏具の処分について定める場合〕　*64*

第5　公共・通信サービスに関する事務処理

＜フローチャート～公共・通信サービスに関する事務処理＞……… *66*
1 契約状況の確認・支払方法の確認　*67*
　（1）生活に密接に関連する契約関係の処理　*67*
　（2）契約状況の確認（サービス提供事業者及びその連絡先の把握）　*67*
　（3）支払方法の確認　*68*
2 各サービスにおける死後事務委任契約の受任者による解約の方法等の確認　*68*
　（1）解約の方法・解約に必要な情報の確認　*68*
　（2）解約権者の確認　*69*
3 死後事務委任契約の受任者において解約手続が履行できなかった場合に関する説明　*70*
　（1）解約手続が履行できない場合　*70*

（2） 相談者・推定相続人に対する説明　*70*
【参考書式5】　死後事務委任契約書条項例（電気、ガス、水道等の利用契約及び携帯電話、インターネット等の通信契約の解約及び精算に関する事項）　*71*

第6　デジタル遺品に関する事務処理
　＜フローチャート～デジタル遺品に関する事務処理＞………………*72*
　1　パソコン・スマートフォン等やクラウドサービス上で保存されているデジタルデータを削除することの希望の確認　*73*
　　（1）　デジタル遺品　*73*
　　（2）　パソコン・スマートフォン等やクラウドサービス上で保存されているデジタルデータの削除　*73*
　2　SNS等の利用契約の解約及びアカウントの削除、追悼アカウントへの移行の希望の確認　*75*
　　（1）　SNS等の利用契約の解約及びアカウントの削除　*75*
　　（2）　追悼アカウントへの移行の希望の確認　*77*
　　（3）　SNS等のアカウントの削除が困難である場合　*77*
　3　定額課金サービスの登録状況の確認　*78*
　　（1）　定額課金サービスの登録状況の確認　*78*
　　（2）　相続人による解約手続　*79*
　　（3）　代理人による解約手続　*79*
　4　広告収入等のあるアカウントの確認　*80*
　　（1）　広告収入等のあるアカウント　*80*
　　（2）　広告収入等のあるアカウントの相続性　*81*
　　（3）　死後事務委任契約での対応　*82*
　【参考書式6】　デジタル遺品目録　*83*

第7　ペットに関する事務処理
　＜フローチャート～ペットに関する事務処理＞…………………*87*
　1　ペットに関する情報の確認　*88*
　　（1）　ペットの名前や年齢等の把握　*88*
　　（2）　ペットの予防接種証明書の確認　*88*
　　（3）　犬又は猫に係る登録証明書の確認　*89*
　　（4）　ペットの財産的価値の把握、引取希望者の有無の確認　*90*

2　ペットの引取先に関する希望の確認・検討　*92*
　（1）　引取先に関する希望の確認　*92*
　（2）　引取先の信用性の検討　*92*
　（3）　引取条件の確認　*93*
　（4）　引渡しまでの一時的な預け先の確保　*93*
　（5）　引取先が引取りを拒否した場合に備えた対応　*93*
3　ペットが引渡しまでに死亡した場合の対応の確認　*94*
　（1）　ペットの死亡時に必要な対応　*95*
　（2）　相談者の意向の確認　*95*
4　特定財産承継遺言・遺贈・死因贈与の検討　*96*
【参考書式7】　ペットに関する確認事項一覧表　*98*
【参考書式8】　登録証明書　*99*
【参考書式9】　死後事務委任契約書条項例（ペットに関する事項）　*100*
【参考書式10】　遺言書・死因贈与契約書条項例（ペットに関する事項）　*101*
　①　〔特定財産承継遺言の条項例〕　*101*
　②　〔遺贈の条項例〕　*101*
　③　〔死因贈与の条項例〕　*101*
　④　〔負担付遺贈の条項例〕　*102*

第3章　契約の締結

＜フローチャート～死後事務委任契約の締結＞ *105*

1　法人による死後事務委任契約締結の検討、復受任者の選任についての許諾　*106*
　（1）　法人（弁護士法人等）が受任者となることのメリット等の説明　*106*
　（2）　復受任者選任の可能性がある場合の相談者（委任者）の許諾　*107*
2　死後事務の監督者選任の検討　*108*
　（1）　相談者（委任者）が第三者による死後事務の処理状況の監督を希望している場合　*109*
　（2）　監督の方法・内容の検討　*109*
　（3）　監督者についての定め　*110*
　（4）　監督者の選任が望ましい場合　*110*

3　死後事務に要する費用・報酬についての検討　*111*
　（1）　死後事務に要する費用の見積り　*111*
　（2）　死後事務に要する費用の支払方法の検討　*112*
　（3）　死後事務の報酬の確認　*115*
　（4）　死後事務の報酬の支払方法の検討　*117*
　（5）　預り金による相続債務の弁済についての確認　*119*
　（6）　死後事務に要する費用の預り金に余剰が生じた場合についての検討　*121*
　（7）　死後事務に要する費用の預り金に不足が生じた場合についての検討　*123*
　（8）　推定相続人との死後事務に要する費用についての事前協議　*125*

4　遺言の作成・遺言執行者兼任の検討　*126*
　（1）　遺言の作成の検討　*126*
　（2）　受任者と遺言執行者の兼任についての検討　*129*

5　死後事務委任契約の解除等に関する確認　*130*
　（1）　死後事務委任契約の性質　*130*
　（2）　各当事者からの解除の可否　*130*
　（3）　解除を制限する旨の条項の要否についての検討　*131*

6　相談者（委任者）が死亡した事実を認知する方法の検討　*133*
　（1）　相談者（委任者）の健康状態等を把握する方法について死後事務委任契約に盛り込むか、別途「見守り契約」を締結するかの検討　*133*
　（2）　病院、高齢者施設、家主、ケアマネジャー等との連携　*135*

7　死後事務委任契約書の作成　*135*
　（1）　相談者（委任者）への契約内容の最終確認　*135*
　（2）　推定相続人への契約内容の説明・確認　*135*
　（3）　公正証書による死後事務委任契約書の作成　*136*

【参考書式11】　死後事務委任契約書条項例　*137*
　　　　　　　①　〔復受任者の選任〕　*137*
　　　　　　　②　〔報酬〕　*137*
　　　　　　　③　〔監督者選任に関する定め〕　*137*
　　　　　　　④　〔死後事務の履行中における死後事務に要する費用に関する定め（死後事務に要する費用を預かる場合）〕　*138*

⑤〔死後事務の履行完了後における死後事務に要する費用に関する定め（預り金の余剰分を受任者の報酬に充当する場合）〕 *138*

⑥〔相続債務の支払について限定する旨の定め〕 *139*

⑦〔死後事務の報酬に関する定め（預り金の余剰分を追加報酬とする場合）〕 *139*

⑧〔死後事務の報酬に関する定め（死後事務の内容ごとに報酬を定める場合）〕 *140*

⑨〔死後事務委任契約の効力を、特定の遺言が有効であることを条件とする定め〕 *140*

⑩〔委任者の相続人による解除を制限する場合〕 *141*

⑪〔委任者及び委任者の相続人による解除を制限する場合〕 *141*

⑫〔契約締結後の定期連絡に関する定め〕 *141*

【参考書式12】 見守り契約書条項例（見守り契約における委任事務の範囲に関する定め） *142*

第4章　契約締結後の定期連絡

＜フローチャート〜死後事務委任契約締結後の定期連絡＞ ………… *145*

1 相談者（委任者）への定期的な連絡の実施と相談者（委任者）の健康状態等の把握　*146*

2 預り金の保管状況の報告　*146*

3 推定相続人への定期的な連絡の実施　*147*

【参考書式13】 相談者（委任者）への定期的な連絡の実施と相談者（委任者）の健康状態の把握　*148*

【参考書式14】 預り金の保管状況の報告　*149*

【参考書式15】 推定相続人等への定期的な連絡の実施　*150*

第5章　準備及び履行

第1　葬儀・納骨等・法要に関する準備及び履行

＜フローチャート〜葬儀・納骨等・法要に関する準備及び履行＞ ……………………………………………………………… *153*

- 1 履行までの準備 *154*
  - （1） 相続人・親族・関係者・死亡届提出予定者への連絡方法の確認 *154*
  - （2） 葬儀・納骨等・法要の実施方法の確認 *155*
- 2 相続人・親族・関係者への相談者（委任者）死亡及び死後事務を開始する旨の連絡 *155*
- 3 葬儀業者への連絡並びに死亡届の提出及び火葬許可の申請 *156*
- 4 献体・臓器提供の連絡 *157*
  - （1） 献体の連絡 *157*
  - （2） 臓器提供の連絡 *158*
- 5 葬儀の実施 *158*
- 6 納骨等の実施 *159*
- 7 法要の実施 *160*
  - 【参考書式16】 死亡届・死亡診断書 *161*
  - 【参考書式17】 火葬許可証・埋葬許可証（死体埋・火葬許可申請書） *163*

第2 病院・高齢者施設に関する準備及び履行
<フローチャート～病院・高齢者施設に関する準備及び履行＞ ····· *164*
- 1 履行までの準備 *165*
- 2 支払・精算すべき医療費・施設利用料等の確認 *165*
- 3 身元引受人等との連携 *166*

第3 行政機関への届出に関する準備及び履行
＜フローチャート～行政機関への届出に関する準備及び履行＞ ····· *168*
- 1 履行までの準備 *169*
- 2 国民健康保険（後期高齢者医療制度）・介護保険等に関する届出・手続 *169*
- 3 国民年金・厚生年金に関する届出・手続 *170*
- 4 運転免許証・パスポート・マイナンバーカードの返納・返還に関する手続 *170*
  - 【参考書式18】 介護保険資格喪失届 *172*
  - 【参考書式19】 受給権者死亡届（報告書） *173*

第4　住居に関する準備及び履行

<フローチャート～住居に関する準備及び履行＞ ……………… 174

1 履行までの準備　*175*
　（1）賃貸住宅・サービス付き高齢者住宅等の解約、明渡しに関する手続　*175*
　（2）家財道具、生活用品等の搬出・処分　*175*
　（3）形見分けの履行　*175*

2 賃貸住宅・サービス付き高齢者住宅等の解約、明渡しに関する手続　*176*
　（1）賃貸借契約の解約、賃借物件の明渡しと相続人の承諾の有無　*176*
　（2）敷金・保証金の受領方法の確認　*177*

3 家財道具、生活用品等の搬出・処分　*178*
　（1）家財道具、生活用品等の搬出・処分　*178*
　（2）神具、仏具等の処分　*179*

4 形見分けの履行　*180*
　（1）遺言の有無・内容の確認　*180*
　（2）形見分けの履行　*180*

【参考書式20】賃借人死亡の場合の契約解除権が受任者にある旨の通知書　*182*

第5　公共・通信サービスに関する準備及び履行

<フローチャート～公共・通信サービスに関する準備及び履行＞ ……………… *183*

1 履行までの準備　*184*
2 解約手続に応じてもらえない場合の相続人・相続財産清算人への引継ぎ等　*184*

【参考書式21】公共・通信サービス解約手続に係る事項　*186*

第6　デジタル遺品に関する準備及び履行

<フローチャート～デジタル遺品に関する準備及び履行＞ ……… *187*

1 履行までの準備　*188*
　（1）デジタル遺品の特定・整理　*188*
　（2）サービス提供事業者・利用規約等の確認　*188*

（3）　ログインＩＤ及びパスワード等のアクセス情報の確認、メール
　　　　アドレスの確認　*189*
　　（4）　利用料金の有無・滞納による契約解除の可能性の確認　*190*
　　（5）　解約手続に応じてもらえない場合の説明　*190*
2　デジタル機器の整理・処理　*191*
　　（1）　デジタル機器の整理　*191*
　　（2）　相続人との関係　*191*
　　（3）　デジタル機器の処理　*192*
3　SNS等の利用契約の解約及びアカウントの削除、追悼アカウン
　　トへの移行　*193*
　　（1）　SNS等のアカウント・サービス提供事業者の特定　*193*
　　（2）　追悼アカウントへの移行　*193*
　　（3）　SNS等のアカウントの削除　*194*
4　定額課金サービスの解約、利用料金の滞納を原因とする解約
　　の検討　*195*
　　（1）　定額課金サービスの解約　*195*
　　（2）　利用料金の滞納を原因とする相手方からの解約の検討　*195*
5　広告収入等のあるアカウントの処理　*196*
　　（1）　広告収入等のあるアカウントの確認　*196*
　　（2）　広告収入等のあるアカウントの処理　*197*
6　解約に応じてもらえない場合の相続人・相続財産清算人への
　　引継ぎ　*197*
　　（1）　解約に応じてもらえない場合　*197*
　　（2）　相続人・相続財産清算人への引継ぎ　*198*
【参考書式22】　デジタル遺品に関する条項例　*199*
　　　　　　①　〔SNS等の利用契約の解約及びアカウントの削除〕　*199*
　　　　　　②　〔デジタルデータの削除〕　*199*
　　　　　　③　〔追悼アカウントの設定〕　*200*
　　　　　　④　〔広告収入等のあるアカウントの削除及び報酬の受
　　　　　　　　領・引渡し〕　*200*

第7　ペットに関する準備及び履行
　＜フローチャート〜ペットに関する準備及び履行＞ ……………… *202*

1　履行までの準備　*203*
　（1）　ペットの現状確認　*203*
　（2）　引取先の引取り意思の確認、引取りに必要な書類等の準備　*203*
　（3）　一時的な預け先への引渡し　*203*
2　ペットの引渡し事務の履行　*204*
　（1）　ペットの引渡し　*204*
　（2）　ペットに関する基本情報の引継ぎ、書類等の引渡し　*205*
　（3）　飼育料等の費用の支払　*205*
3　引取先が引取りを拒否した場合の対応　*206*
　（1）　死後事務委任契約に定めがある場合　*206*
　（2）　死後事務委任契約に定めがない場合　*207*
4　飼育状況の確認　*207*
　（1）　死後事務委任契約に定めがある場合　*208*
　（2）　死後事務委任契約に定めがない場合　*208*

第6章　死後事務委任契約の終了

＜フローチャート～死後事務委任契約の終了＞ …………………… *211*

1　預り金の余剰分の返還又は立替金の請求と報酬の受領　*212*
　（1）　死後事務に要する費用の記録化と見直し　*212*
　（2）　預り金に余剰が生じた場合の処理　*212*
　（3）　預り金が不足して受任者が死後事務に要する費用を立て替えている場合　*215*
　（4）　報酬の受領　*216*
2　死後事務の履行完了に伴う報告と金銭・物品等の引渡し　*217*
　（1）　相続人がいる場合の相続人への報告と金銭・物品等の引渡し　*217*
　（2）　相続人が不存在の場合の相続財産清算人への報告と金銭・物品等の引渡し　*218*
　【参考書式23】　収支計算報告書　*220*
　【参考書式24】　事務処理報告書　*221*

はじめに

第1　死後事務委任契約の趣旨を理解する

1　死後事務委任契約

　死後事務委任契約は、相談者（委任者）が受任者に対し、相談者（委任者）が死亡した後の事務（死後事務）について委任することを内容とするものです。

　例えば、相談者（委任者）が亡くなった後の葬儀や納骨、年忌法要、親族や友人・知人への連絡、医療費や施設利用料等の支払等の事務を委任することが考えられます。

2　死後事務委任契約締結の必要性

　後記のとおり、財産管理契約や任意後見契約、法定後見制度は、委任者ないし本人の生前の財産管理に主眼を置くものですし、遺言のうち法的な拘束力が生じるのは法定遺言事項に限られますので、委任者ないし本人が亡くなった後の葬儀や納骨、年忌法要、親族や友人・知人への連絡、医療費や施設利用料等の支払等の事務を委任するためには、これらの契約や制度の利用による対応では十分でなく、死後事務委任契約を締結する必要があります。

3　死後事務委任契約の利用実態

　死後事務委任契約は、相談者（委任者）の死亡後の事務を対象とするものですので、相談者（委任者）が亡くなった後にしてもらいたいことがある場合に利用します。

　また、身近に親族がいて、その親族が葬儀や納骨、年忌法要、その他の親族や友人・知人への連絡をしてくれたり、その親族が相続人として相続債務たる医療費や施設利用料等を支払ってくれたりする場合には、あえて死後事務委任契約を締結する必要はありません。他方、信頼できる友人が身近にいても、その友人が相続債務たる医療費や施設利用料等を支払う権限がない場合には、その友人と死後事務委任契約を締結することで死後事務を委任することができます。

　このように、死後事務委任契約は、死亡後にしてもらいたい事務があるが、依頼できる適切な人がいない場合に締結することになります。身寄りのない方や頼れる親族が近くにいない方等がよく利用しています。

　なお、令和2年国勢調査・人口等基本集計結果・結果の概要によりますと、単身世帯は2,115万1,000世帯で、平成27年と比べると14.8％増となっており増加傾向がみられるため、今後、死後事務委任契約のニーズはますます高まると考えられます。

第2　受任できる事務を理解する

1　死後事務委任契約の有効性

　死後事務委任契約も契約である以上、強行法規や公序良俗に違反しないこと等一般的な契約の有効性の要件を満たす限り、広く委任事務を定めることができます。
　なお、相談者（委任者）の死亡は、委任契約の終了事由として規定されていますが（民653一）、死後事務委任契約は相談者（委任者）の死亡時に意味のある契約であり、相談者（委任者）の死亡によって一律に効力が否定されるわけではありません。

2　遺言との関係

　死後事務委任契約を締結する際は、その多くが強行法規とされている遺言との抵触に留意する必要があります。遺言は、民法に定める方式に従わなければ効力を認められません（民960）。既に死亡している遺言者の真意を確証するためには、その成立要件には厳格さが求められるべきと考えられるからです。このように民法が遺言に厳格な成立要件を設けている趣旨からすれば、本来遺言で定めるべき事項を死後事務委任契約において定めることは、遺言の潜脱行為ともなり得るため、その有効性に疑問が生じます。また、遺言が死亡後の法律関係を定める遺言者の最終的な意思の表示であることを踏まえると、死後事務委任契約において、法定遺言事項を定めることや、既に作成された遺言の内容と矛盾する委任事務を定めることは避けるのが無難です。
　法定遺言事項とは、遺言で定めることのできる事項であって、法的な拘束力が生じるものです。具体的には以下のとおりです。
① 相続に関する事項
　㋐　推定相続人の廃除、廃除の取消し（民893・894②）
　㋑　相続分の指定・指定の委託（民902①）
　㋒　特別受益の持戻しの免除（民903③）
　㋓　遺産分割方法の指定・指定の委託（民908①前段）
　㋔　遺産分割の禁止（民908①後段）
　㋕　共同相続人の担保責任の減免・加重（民914）
　㋖　配偶者居住権の設定（民1028①二）
　㋗　遺留分侵害額の負担の割合の指定（民1047①二ただし書）
② 相続以外による遺産の処分に関する事項
　㋐　遺贈（民964）
　㋑　相続財産に属しない権利の遺贈についての別段の意思表示（民996ただし書・997②ただし書）

㋒　信託の設定（信託2②二・3二）
　　㋓　一般財団法人の設立（一般法人152②）
　③　身分関係に関する事項
　　㋐　認知（民781②）
　　㋑　未成年後見人の指定（民839①）
　　㋒　未成年後見監督人の指定（民848）
　④　遺言執行に関する事項
　　㋐　遺言執行者の指定・指定の委託（民1006①）
　⑤　その他の事項
　　㋐　祭祀承継者の指定（民897①ただし書）
　　㋑　遺言の撤回（民1022）
　　㋒　保険金受取人の変更（保険44①・73①）
　⑥　付言事項
　前記の事項以外の遺言事項は、付言事項といい、遺言者の思い等を伝えることはできますが、法的拘束力は生じません。

3　実務上の対応

　死後事務委任契約の内容として、家政婦又は友人への謝礼金の支払を有効と判断した事例（最判平4・9・22金法1358・55）もありますが、本来これは遺贈に該当し、遺言制度の趣旨に反することにもなり得るため、死後事務委任契約における委任事務と遺言事項との境界は明確でないところがあります。
　このため、死後事務委任契約の作成の依頼を受けた場合には、法定遺言事項については遺言で定めることとし、死後事務委任契約の効力に疑問が生じないよう配慮しておくのが無難でしょう。他方、遺言で定める場合には付言事項にしかならないものに法的拘束力を生じさせるためには、死後事務委任契約で定めることが有益です。

第3　他の契約や制度における死後事務の対応範囲を理解する

1　他の契約や制度における死後事務の対応範囲

　生前ないし死亡後の財産の管理及び処理に関する契約や制度としては、以下のものが存在します。

① 遺　言

　遺言とは、自己の財産を活用するために行う遺言者の意思表示です。遺言は遺言者の死亡時から効力を生じます。遺言の内容とする事項には、法定遺言事項と付言事項がありますが、法的な拘束力が生じるのは法定遺言事項に限られます。

② 財産管理契約

　財産管理契約とは、委任者が、受任者に対し、自己の財産管理や生活上の事務等を委任することを内容とする契約です。委任者の死亡により契約は終了します（民653一）。

③ 任意後見契約

　任意後見契約とは、委任者が、受任者に対し、精神上の障害により事理を弁識する能力が不十分な状況における自己の生活、療養看護及び財産の管理に関する事務の全部又は一部を委託し、その委託に係る事務について代理権を付与する委任契約であって、任意後見監督人が選任された時からその効力を生ずる旨の定めのあるものをいいます（任意後見2一）。原則として、任意後見契約は、任意後見監督人が選任されてから委任者が死亡するまでの事務を対象とする契約です。任意後見人が死後事務を行う場合もありますが、死後事務全般を行うことができるわけではないことは、後記の法定後見制度と同様です。

　また、任意後見契約は公正証書で作成する必要があります（任意後見3）。なお、任意後見契約は、前記のとおり、本人の判断能力（事理弁識能力）が不十分な状況になり、家庭裁判所によって任意後見監督人が選任された時から効力を生じることに注意が必要です。

④ 法定後見制度

　法定後見とは、精神上の障害により判断能力が十分でない場合に、家庭裁判所が成年後見人等を選任して、成年後見人等が本人のために財産管理や身上監護を行う制度です。法定後見は、本人の死亡により終了します（民111①一・653一参照）。成年後見人等が死後事務を行う場合もありますが、死後事務全般を行うことができるわけではありません。

　これまで成年被後見人の死亡によって成年後見は終了し、成年後見人の法定代理権は消滅すると考えられていたため（民111①一）、成年後見人は成年被後見人の死亡後にその権限に基づいて業務を行うことが原則としてできませんでした（成年後見終了後の応急処分義務（民874・654）や相続人のための事務管理（民697）に基づいて一定の範囲で死後事務を行っていましたが、その範囲が不明確でした。）。しかし、これでは成年後見人の業務としては不十分で、成年被後見人の関係者から期待される役割を果たせ

ずにいることがしばしばありました。そこで、成年後見の事務の円滑化を図るための民法及び家事事件手続法の一部を改正する法律（平28法27）が平成28年10月13日に施行され、民法873条の2が追加されました。

これによれば、成年後見人は、成年被後見人が死亡した場合において、必要があるときは、成年被後見人の相続人の意思に反することが明らかなときを除き、相続人が相続財産を管理することができるに至るまで、①相続財産に属する特定の財産の保存に必要な行為（民873の2一）、②相続財産に属する債務（弁済期が到来しているものに限ります。）の弁済（民873の2二）、③その死体の火葬又は埋葬に関する契約の締結その他相続財産の保存に必要な行為（前記①②に当たる行為を除きます。）（民873の2三）をすることができるとされています。ただし、前記③の行為をするには、家庭裁判所の許可が必要です。なお、保佐人や補助人には、この規定は適用されません。このほか、成年後見人が行うことができる死後事務の詳細については、尾島史賢編著『実務家が陥りやすい　死後事務委任契約の落とし穴』63〜66頁（新日本法規出版、2023）を参照してください。

2　死後事務委任契約と他の契約や制度との使い分け

死後事務委任契約と他の契約や制度との使い分けについて理解しておく必要があります。

遺言は、遺言者の死亡後に効力が生じる点では死後事務委任契約と同様ですが、自己の財産の処分について法的拘束力を生じさせることができるため（遺言において遺言執行者を指定しておけば、自己の指定する者に自己の財産の処分を委ねることができます。）、他の契約や制度とは違い、民法において厳格な成立要件が設けられています。この成立要件に反した場合には、遺言は無効となりますので注意が必要です。自己の財産の処分について、法的拘束力を生じさせたい場合には、遺言が適しているといえます。

財産管理契約や任意後見契約、法定後見制度は、いずれも委任者ないし本人の生前の財産管理に主眼を置くものです。委任者ないし本人の事理弁識能力（判断能力）の程度によって利用する契約や制度が異なります。また、契約を締結することで効力が生じるもの（財産管理契約）や、本人の事理弁識能力（判断能力）が不十分になることで請求により開始されるもの（任意後見契約や法定後見制度）があります。

財産管理契約は、委任者の事理弁識能力（判断能力）は十分ではあるものの、今後それが低下する場合に備えて利用されることが多いと思われます。もっとも、委任者が死亡することで財産管理契約の効力は失われてしまいます。したがって、財産管理

契約だけでは委任者の死亡後の事務の処理を委ねることはできません。また、委任者の事理弁識能力（判断能力）が不十分になってしまうと、法定後見制度を利用しなければならないことになりますので、財産管理契約で自己の指定する者に自己の財産の管理を委任していても、その効力を維持することができなくなってしまいます。このため、財産管理契約は、任意後見契約とセットで利用されることが多いように思われます。

　任意後見契約は、委任者の事理弁識能力（判断能力）が十分な状態で契約を締結する点では財産管理契約と共通していますが、委任者の事理弁識能力（判断能力）が不十分になり、任意後見監督人が選任されると効力を生じますので、委任者の事理弁識能力（判断能力）が不十分になっても自己の指定する者に引き続き自己の生活、療養看護及び財産の管理に関する事務を委ねられる点で財産管理契約とは異なります。委任者が死亡するまでの事務を対象とする点は、財産管理契約と同様です。前記のとおり、任意後見契約は、財産管理契約とセットで利用されることが多いように思われます。

　このように、委任者ないし本人の死亡後に法的拘束力が生じるのは遺言における法定遺言事項に限られますので、委任者ないし本人の死亡後の葬儀や納骨、年忌法要、親族や友人・知人への連絡、医療費や施設利用料等の支払等の事務を委任するためには、これらの契約や制度の利用による対応では十分でなく、ここに、死後事務委任契約を締結する意義があります。

はじめに

死後事務委任契約と他の契約や制度との違い

	死後事務委任契約	遺言	財産管理契約	任意後見契約	法定後見制度		
					成年後見	保佐	補助
主体	委任者・受任者	遺言者	委任者・受任者	委任者・任意後見受任者	本人・成年後見人	本人・保佐人	本人・補助人
履行者	受任者	遺言執行者	受任者	任意後見人	成年後見人	保佐人	補助人
判断能力（事理弁識能力）	あり	あり	あり	契約時あり、効力発生時不十分	欠く常況	著しく不十分	不十分
効力発生時期	委任者死亡時	遺言者死亡時	契約締結時（契約の定めによる）	任意後見監督人選任時	後見開始の審判確定時	保佐開始の審判確定時	補助開始の審判確定時
委任者ないし本人の死亡により終了するか	終了しない（委任者死亡により効力発生）	終了しない（遺言者死亡により効力発生）	終了する	終了する	終了する	終了する	終了する
事務の内容	遺言制度の趣旨に反しない限り契約において自由に定められる	法的拘束力のある法定遺言事項と法的拘束力のない付言事項において定められる	契約において自由に定められる	契約において自由に定められる。ただし、任意後見契約に関する法律3条による	法律に定められている	法律に定められている	法律に定められている
方式	口頭でも可（書面によることが望ましく、公正証書で作成することが多い）	書面（自筆証書、公正証書又は秘密証書による）	口頭でも可（書面によることが望ましく、公正証書で作成することもある）	公正証書	審判	審判	審判

9

第 1 章

死後事務委任契約の提案

＜フローチャート～死後事務委任契約の提案＞

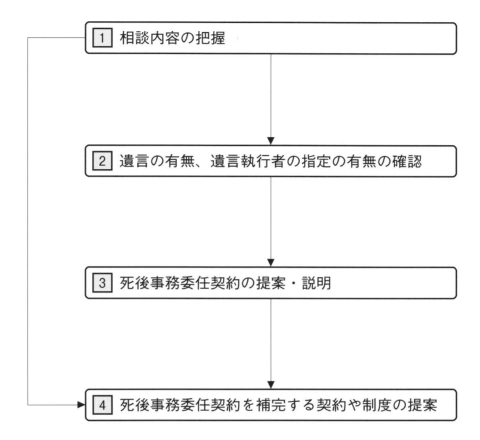

1 相談内容の把握

　死後事務委任契約を締結することが適しているかどうかを判断するために、まずは、相談者の死亡後の不安や思いの聴き取りをすることになります。その上で、相談者の死亡後は相続人が死後事務委任契約の委任者の地位を承継しますし、死後事務委任契約の委任事務の遂行のために相続人やその他の親族の協力が必要となることもありますので、親族の有無・関係性等を聴き取ります。さらに、死後事務委任契約の締結に障害となる事情がないか確認するために、相談者の意思能力の有無や費用等の確保の可否について確認していくことになります。

（1） 死亡後の不安や思いの聴き取り

　相談者の死亡後の不安や思いの聴き取りをして、死後事務委任契約を締結することで、相談者の不安や思いに応じられるかを検討していきます。

◆委任事務の内容

　まずは、相談者の死亡後の不安や思いをざっくばらんに話してもらい、十分な聴き取りをします。死後事務委任契約の委任事務の内容に盛り込むことが考えられる事項は、以下のとおりです（ただし、相手先が手続に応じないため、委任事務を遂行できないこともあります。）。

① 死亡後の相続人や親族、友人、知人等関係者への連絡
② 葬儀、納骨等の調整・手配
③ 年忌法要、永代供養の調整・手配
④ 病院、高齢者施設等との契約の解約及び精算
⑤ 行政機関への届出
⑥ 賃貸住宅の解約及び明渡し
⑦ 家財道具、生活用品等の動産類の引渡し又は処分（遺品の整理）
⑧ 電気、ガス、水道等の利用契約の解約及び精算
⑨ 携帯電話、インターネット等の通信契約の解約及び精算
⑩ SNS等の利用契約の解約及びアカウントの削除
⑪ ペットの引渡し等の調整・手配

　相談者が、これらの委任事務に関して不安や思いを持っている場合、死後事務委任

契約の締結を検討することになります。

　死後事務委任契約の流れやチェックリストは、尾島史賢編著『実務家が陥りやすい死後事務委任契約の落とし穴』5〜10頁（新日本法規出版、2023）を参照してください。

◆死後事務委任契約締結の可否
　ところで、民法653条1号は、委任者の死亡を委任の終了事由と定めています。これは委任が個人的な信頼関係を重視しているからだとされています。このため、死後事務委任契約も委任者の死亡により終了するのではないかが問題となりました。
　この問題に関して、最高裁平成4年9月22日判決（金法1358・55）は、自己の死亡後の事務を含めた法律行為等の委任契約は、委任者の死亡によっては終了させない旨の合意を包含すると判断しました。この判決により、民法653条は強行規定ではなく、委任者の死亡により終了しない委任契約の締結も可能ということが明らかにされ、実務上でも広く死後事務委任契約が締結されるようになりました。

（2）　相続人や親族の有無・関係性等の聴き取り

　相談者自身の不安や思いの聴き取りができたら、次に、相続人や親族の有無・関係性等を聴き取ることになります。
　相続人や親族は、死後事務委任契約の当事者となるわけではありませんので、このような聴き取りをする必要がないように思われるかもしれません。
　しかしながら、相談者の死亡により相続が開始し、相続人が相談者の権利義務を承継した結果（民896）、相続人が死後事務委任契約の委任者の地位を承継することになります。また、死後事務委任契約の履行時において、相続人でないと手続をすることができない事項があれば相続人に協力してもらう必要もあります。
　したがって、少なくとも死後事務委任契約の履行時において、相続人の存在を無視して進めることはできません。
　そして、相続人だけでなく親族が死後事務委任契約の履行に協力的か、相談者との関係は良好かどうかも、死後事務委任契約の履行に当たり重要な事柄となります。
　このようなことから、相続人や親族の有無・関係性等の聴き取りをしておく必要があります。

（3） 相談者の意思能力の確認

　民法3条の2において、「法律行為の当事者が意思表示をした時に意思能力を有しなかったときは、その法律行為は、無効とする。」とされています。このため、死後事務委任契約の締結に当たっても、相談者に意思能力がなかった場合、契約は無効となってしまいます。

　意思能力とは、自己の行為の結果を判断するに足るだけの精神能力のことだと言われています。意思能力は、一般的には、7歳程度の知的判断能力が目安になるとされていますが、法律行為ごとに具体的にその具備を判断するものとされています（ただし、意思能力の定義にも、意思能力の判断基準にも複数の見解があります。）。

　いずれにしても、死後事務委任契約を提案するに当たっては、相談者に、意思能力があるかどうかを確認する必要があります。例えば、認知症等の症状があり、死後事務委任契約の内容を理解しにくい状態であれば、意思能力があるかどうかを慎重に見極めなければなりません。このような場合には、相談者のみならず、相続人や親族、支援者から相談者の状態を聴き取ったり、通院先の医療機関からカルテを取り寄せたり、主治医に意思能力の有無を確認したりすることが考えられます。

【ケーススタディ】

Q　弁護士であるあなたは、Aの遠方に住む親族であるBから、Aには近くに親族がおらず、Aの死亡後の葬儀の手配をする人がいないため、Aと死後事務委任契約を締結してもらいたいと言われました。どのような点に留意すべきでしょうか。

A　委任者本人ではなく親族からの依頼に基づいて、死後事務委任契約の締結に至っても問題はありません。実際に、親族が最初に弁護士に相談し、死後事務委任契約の締結に至るケースもあります。

　重要なことは、委任者本人に死後事務委任契約を締結する意思や判断能力があるかどうかです。死後事務委任契約の委任者は本人ですので、委任者本人にその気がないのに無理に当該契約の締結を進めるべきではありません。また、委任者本人に判断能力がないのに死後事務委任契約を締結しても、契約は無効となります（民3の2）。

　したがって、相談のきっかけが委任者本人以外の親族であった場合は、委任者本人の意思や判断能力の有無を十分に確認すべきです。

（4） 死後事務に要する費用・報酬確保の可否（財産状況、収支状況等）の確認

死後事務委任契約の委任事務の履行には、郵送料、交通費、相手先に納める手数料等の費用がかかります。また、弁護士が死後事務委任契約の受任者となる場合、死後事務委任契約の履行に係る報酬を請求することになります。

したがって、相談者に、このような費用や報酬の支払が可能かどうか、その財産状況の確認が必要です。

なお、死後事務委任契約における委任事務を抽出するに当たっては、相談者の財産状況のみならず、収支状況を把握した上で、財産に係る手続、収入に係る手続、支出に係る手続を確認していくことが有意義です。このため、死後事務に要する費用や報酬確保の可否の確認に当たっては、財産状況のみではなく、収支状況も確認しておくことが望ましいです。

2 遺言の有無、遺言執行者の指定の有無の確認

死後事務委任契約は、相談者の死亡後の事柄を対象としていますが、同様に死亡後の事柄を対象とするものとして、遺言があります。

既に遺言が作成されている場合、死後事務委任契約が遺言と矛盾しないようにする必要がありますので、遺言の有無やその内容の確認が必要です。

また、遺言で遺言執行者が指定されている場合、死後事務委任契約における委任事務の遂行後の残余財産の引渡し先は遺言執行者となる可能性がありますので、遺言執行者の有無も確認する必要があります。

なお、相談者の不安を回避し、思いを実現するためには、死後事務委任契約の締結では足りず、遺言を作成する必要があるものの、遺言が作成されていない場合には、相談者に遺言の作成を提案することになります。

（1） 遺言制度

◆遺　言

遺言とは、自己の財産を活用するために行う遺言者の意思表示です。遺言は遺言者の死亡時から効力を生じます。遺言の内容とする事項には、法定遺言事項と付言事項

がありますが、法的な拘束力が生じるのは法定遺言事項に限られます。

遺言は、民法に定める方式に従わなければその効力が認められません（民960）。既に死亡している遺言者の真意を確保するために、厳格な要件が設けられているのです。このように民法において遺言につき厳格な要件が定められている趣旨からすれば、本来、遺言で定めるべき法定遺言事項を死後事務委任契約において定めることは、遺言制度の潜脱行為ともなり得るため、死後事務委任契約の有効性に疑問が生じます。また、法定遺言事項に限らず、遺言の内容と矛盾する死後事務委任契約を締結することは、混乱を来しますので、避けるのが無難です。

◆法定遺言事項

法定遺言事項とは、遺言で定めることのできる事項であって、法的な拘束力が生じるものです。具体的には以下のとおりです。

① 相続に関する事項
　㋐ 推定相続人の廃除、廃除の取消し（民893・894②）
　㋑ 相続分の指定・指定の委託（民902①）
　㋒ 特別受益の持戻しの免除（民903③）
　㋓ 遺産分割方法の指定・指定の委託（民908①前段）
　㋔ 遺産分割の禁止（民908①後段）
　㋕ 共同相続人の担保責任の減免・加重（民914）
　㋖ 配偶者居住権の設定（民1028①二）
　㋗ 遺留分侵害額の負担の割合の指定（民1047①二ただし書）
② 相続以外による遺産の処分に関する事項
　㋐ 遺贈（民964）
　㋑ 相続財産に属しない権利の遺贈についての別段の意思表示（民996ただし書・997②ただし書）
　㋒ 信託の設定（信託2②二・3二）
　㋓ 一般財団法人の設立（一般法人152②）
③ 身分関係に関する事項
　㋐ 認知（民781②）
　㋑ 未成年後見人の指定（民839①）
　㋒ 未成年後見監督人の指定（民848）
④ 遺言執行に関する事項
　㋐ 遺言執行者の指定・指定の委託（民1006①）

⑤ その他の事項
　㋐ 祭祀承継者の指定（民897①ただし書）
　㋑ 遺言の撤回（民1022）
　㋒ 保険金受取人の変更（保険44①・73①）

ケーススタディ

Q 相談者は、自らの死亡後、葬儀を挙行して遺体を火葬・納骨し、その後に残った財産をある人に渡したい、という希望を持っています。相談者の希望を実現するために、死後事務委任契約の締結と遺言の作成とでは、どちらがよいでしょうか。

A 相談者の死亡を原因として相談者の財産をある人に渡すことは、遺贈（民964）として法定遺言事項に当たりますので、遺言の中で遺贈の定めを置くことになります。
　そして、葬儀や火葬、納骨については、法定遺言事項になりませんし、死後事務委任契約の委任事務の内容となり得るものですので、死後事務委任契約で定めることになります。
　したがって、このケースでは、死後事務委任契約の締結と遺言の作成の両方をすることで、相談者の希望を実現できることになります。

（2）遺言執行者

　遺言執行者とは、遺言の内容を実現する人のことです。遺言で遺言執行者が定められている場合や、遺言では遺言執行者が定められておらず、家庭裁判所により遺言執行者が選任される場合があります。
　「遺言執行者は、遺言の内容を実現するため、相続財産の管理その他遺言の執行に必要な一切の行為をする権利義務を有する。」と定められています（民1012①）。また、「遺言執行者がその権限内において遺言執行者であることを示してした行為は、相続人に対して直接にその効力を生ずる。」こととなります（民1015）。
　死後事務委任契約における委任事務遂行後の残余財産の引渡し先は遺言執行者となる可能性がありますので、死後事務委任契約の締結に当たっては、遺言執行者の有無を確認する必要があります（残余財産の引渡し先については、第6章2を参照してください。）。

3　死後事務委任契約の提案・説明

（1）　死後事務委任契約における委任事務の範囲の提案・説明

　相談内容の把握及び遺言の有無、遺言執行者の指定の有無の確認を踏まえ、死後事務委任契約を締結することが適切ということになれば、相談者に対し、死後事務委任契約の締結を提案し、考えられる委任事務の範囲を提案、説明していくことになります。

　そして、相談者も死後事務委任契約の締結に応じるとの結論に至った場合には、具体的な死後事務委任契約における委任事務の内容を確定していくことになります。

（2）　死後事務に要する費用・報酬の提案・説明

　また、（1）と合わせて、相談者に、死後事務に要する費用・報酬の概算についても、提案、説明していくことになります。こちらについても、相談者の了解の下、具体的な内容を確定していくことになります。

4　死後事務委任契約を補完する契約や制度の提案

　生前ないし死亡後の財産の管理及び処理に関する契約や制度としては、以下のものがあります。相談者から相談者の死亡後の不安や思いの聴き取りをした結果、死後事務委任契約ではなく以下の契約や制度を利用すべき場合には、以下の契約や制度の利用を検討します。また、死後事務委任契約に加えて、以下の契約や制度を利用すべき場合には、併用することを検討します。

（1）　財産管理契約

　財産管理契約とは、委任者が、受任者に対し、自己の財産管理や生活上の事務等を委任することを内容とする契約です。

　財産管理契約は、委任者の死亡により終了します（民653一）。

　相談者が、生前のみの財産管理を希望した場合、財産管理契約のみを締結すること

になります。相談者が生前から死亡後にかけて財産管理等を希望した場合、財産管理契約と死後事務委任契約をいずれも締結することになります。

（2） 任意後見契約

任意後見契約とは、委任者が、受任者に対し、精神上の障害により事理を弁識する能力が不十分な状況における自己の生活、療養看護及び財産の管理に関する事務の全部又は一部を委託し、その委託に係る事務について代理権を付与する委任契約であって、任意後見監督人が選任された時からその効力を生ずる旨の定めのあるものをいいます（任意後見2一）。

原則として、任意後見契約は、任意後見監督人が選任されてから委任者が死亡するまでの事務を対象とする契約です。

任意後見人が死後事務を行う場合もありますが、死後事務全般を行うことができるわけではありません。

このため、相談者が、将来において判断能力が不十分になったときの財産管理に不安を感じている場合は、任意後見契約の締結をすることになります。相談者がこれに加えて死亡後の事務処理への不安を有している場合には、死後事務委任契約も併せて締結することになります。

（3） 死因贈与契約

贈与者が、受贈者に対し、ある財産を無償で与えることを内容とする契約のうち、贈与者の死亡によって効力を生ずるものをいいます（民554）。

死亡後の事柄を対象とする点で死後事務委任契約と共通しています。

相談者が、死亡後の財産処分（贈与）について不安や思いを有している場合、死因贈与契約を締結することになります。相談者がこれに加えて死亡後の事務処理への不安を有している場合には、死後事務委任契約も併せて締結することになります。

なお、同じく死亡後の事柄を対象とする遺言と異なり、死因贈与は、原則として受贈者が放棄できないこと、不動産の死因贈与の場合には贈与者の生前から始期付所有権移転仮登記手続をすることができることに、特徴があります。

（4） 遺　言

　遺言とは、自己の財産を活用するために行う遺言者の意思表示です。遺言は遺言者の死亡時から効力を生じます。

　遺言の内容とする事項には、法定遺言事項と付言事項がありますが、法的な拘束力が生じるのは法定遺言事項に限られます（法定遺言事項については、②(1)を参照してください。）。

　相談者が死亡後の事務処理への不安を有しており、それが法定遺言事項に関わる場合には、遺言を作成することになります。相談者が法定遺言事項以外の事項について不安や思いを有している場合には、遺言に加えて、死後事務委任契約を締結することになります。

第 2 章

死後事務についての希望等の確認

第1　葬儀・納骨等・法要に関する事務処理

＜フローチャート～葬儀・納骨等・法要に関する事務処理＞

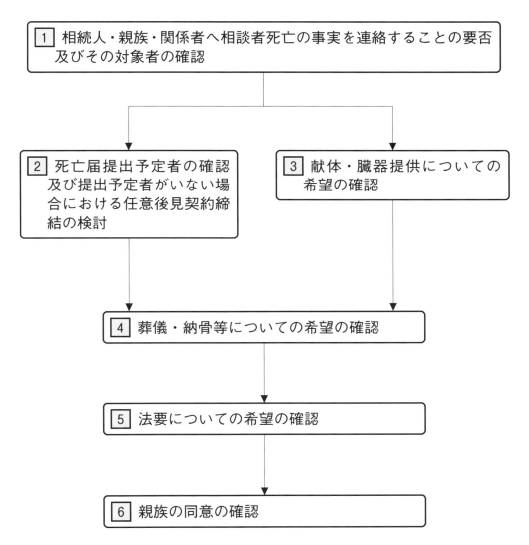

1 相続人・親族・関係者へ相談者死亡の事実を連絡することの要否及びその対象者の確認

　死後事務は、相談者が死亡した後に事務処理を行うことになりますが、特に、死亡直後の葬儀や納骨等については迅速かつ的確に対応する必要が生じます。

　死後事務の受任者としては、葬儀や納骨、年忌法要について相続人や親族等の協力を得る必要もあるでしょうし、葬儀に相談者の希望に沿った相続人や親族、友人等の関係者が参列できるよう取り計らう必要もあるでしょう。

　このため、死後事務委任契約を締結するに当たっては、相談者の死亡後、どのような葬儀や納骨、年忌法要を執り行うかという点を検討しつつ、相続人や親族、友人等の関係者を整理してもらい、相談者が死亡した事実を連絡する対象者の範囲を確認する必要があります。

（1）　相続人がいる場合

　相談者に相続人がいる場合、相続人は、相談者である被相続人の地位を包括的に承継します（民896）。

　このため、死後事務の受任者としては、相続人が遺産を引き継ぐことを前提として死後事務を受任することになりますので、基本的には、葬儀や納骨、年忌法要についても、相続人と協力しながら進めていくことが理想的であると思われます。

　すなわち、受任者において、相談者の死亡後に死後事務を処理した際、その内容については相続人に説明をすることになりますので、可能な限り、相談者の生前に、相談者が希望している葬儀や納骨、年忌法要の内容を推定相続人に報告した上で、推定相続人からある程度の理解を得ておくことが有益であると思われます。

　相談者が死亡したときには、相続人に対して速やかに連絡をし、葬儀や納骨、年忌法要について相続人の協力を得ながら進めていくことを前提に死後事務委任契約の内容を定めていくことになります。

　この点、相談者と推定相続人の折り合いが悪く、葬儀や納骨、年忌法要について推定相続人の協力が得られない場合には、推定相続人の協力がないことを前提に、どのような葬儀や納骨、年忌法要にするのかということを相談者と話し合うことになります。相談者の死亡直後、相続人にその旨を連絡しないということも考え得るところではありますが、前記のとおり、相続人が遺産を引き継ぐことになりますので、いずれ

かの時点では、相談者が死亡した事実を相続人に伝達することになると思われます。

　なお、相談者において、相続人以外に相談者が死亡した事実を連絡してほしい親族や友人等の関係者がいる場合には、リストアップしてもらい、氏名・住所・電話番号・続柄（関係性）等を聴取することになります。この場合、受任者において、それらの親族や友人等の関係者に連絡をすることができるかどうかを事前に確認しておくことが望ましいと思われます。

（2）　相続人がいない場合

　相談者に相続人がいない場合、相談者に連絡を希望する親族や友人等の関係者を整理してもらい、相談者からこれらの親族や友人等の関係者の氏名・住所・電話番号・続柄（関係性）等を聴取することになります。

　相続人がいない場合、死後事務委任契約における死後事務の処理の内容については、あらかじめ当該契約で指定した報告者に対して報告をすることが可能となります。このため、死後事務委任契約において、相談者に理解のある者に対して報告することを指定することもできますので、相続人がいる場合と比較して、死後事務の処理の内容についてトラブルとなる可能性を相当程度抑えることができると思われます。

　なお、相続人がいない場合の遺産については、基本的には、相続財産法人に対する供託手続をするか（民494①二）、相続財産清算人の選任を申し立てて相続財産清算人に引き継ぐか（民952①）、相談者の預貯金口座へ現金を入金した後で当該預貯金口座を凍結するか、いずれかの方法を採ることになります。

ケーススタディ

Q　相談者から、推定相続人である息子がいるが、昔から折り合いが悪く、もう何十年も連絡をしていないため、自分が死ぬまではもちろんのこと、死んでからも息子には連絡をしてほしくないと相談された場合、どのような点に留意すべきでしょうか。

A　相談者に相続人がいる場合、相続人は、相談者である被相続人の地位を包括的に承継します（民896）。

　このため、仮に、相談者の死亡直後に相続人にはその旨を連絡せず、相続人を葬儀や納骨等に参加させなかったとしても、死後事務の受任者としては、最終的

に死後事務の処理が終了した時点で、速やかに相続人に死後事務の処理の内容を報告するとともに、預り金その他の物を引き渡す必要があります。

　この点、相談者が遺言を作成し、その中で、息子以外の信頼できる者を遺言執行者として指定しておけば、死後事務の受任者は、預り金その他の物を遺言執行者に引き渡すことになりますが、相続人である息子に死後事務委任契約の内容を報告すること自体は避けられません。また、いずれにせよ、遺言執行者が、相続人である息子に相談者の遺言の執行に関する内容を報告することになりますし、結局のところ、相続人である息子に連絡をせずに済む方法はないといえます。

　このように考えると、死後事務を受任するに当たり、相談者の死亡後、相続人全員に連絡をしてほしくないという相談があった場合には、相談者に、いずれは相続人に連絡する必要があることについて理解をしてもらうべきだと思います。

　また、葬儀や納骨等の段階では連絡をせず、全ての死後事務の処理が終わってから相続人に連絡をするという方法を採用した場合、相続人から死後事務の処理の内容について苦情を受ける可能性が高いと思われますので、当該方法はできるだけ回避することが望ましいといえます。

2　死亡届提出予定者の確認及び提出予定者がいない場合における任意後見契約締結の検討

　相談者が死亡した後の葬儀や納骨等についての死後事務を履行するに当たっては、死亡届を提出することも必要となります。

　この死亡届ですが、受任者が戸籍法87条の要件を満たさない第三者の場合は、受任者が死亡届を提出することができませんので、あらかじめ死亡届の提出者を誰にするのかという点について検討をしておくことが重要です。

（1）　死亡届提出予定者の確認

　戸籍法87条では、同居の親族、その他の同居者、家主、地主又は家屋若しくは土地の管理人、同居の親族以外の親族、後見人、保佐人、補助人、任意後見人及び任意後見受任者が死亡の届出ができると定められています。

　したがって、親族ではない第三者（弁護士や司法書士等）が受任者となる場合には、

当該受任者自身は、死亡届を提出することができないということになります。

　死亡届を提出できなければ、火葬許可証が取得できず、死後事務委任契約において定められている葬儀から火葬までの死後事務の履行に支障が生じる可能性があります（墓地5）。このため、死後事務を受任するに当たっては、死亡届の提出予定者を確認することが必要となります。その上で、相談者の要望に沿った葬儀業者に事前に相談をしておき、相談者が死亡した直後の対処方法を確認しておくとよいと思われます。

（2）　提出予定者がいない場合

　相談者から聴取する中で死亡届の提出予定者がいない場合や、死後事務委任契約締結後に死亡届提出予定者として定めていた者が先に死亡してしまった場合等、死亡届の提出予定者がいない場合には、予定している葬儀ができるかどうか不明な点があります。

　死亡届の提出予定者がいない場合、火葬許可証が思ったように取得できないため、予定どおり葬儀や納骨等ができず、受任した死後事務を履行できないリスクがあります。

　このような場合には、死後事務委任契約とあわせて任意後見契約（第1章4(2)参照）を締結することを検討するとよいと思われます。任意後見契約を締結した場合には、受任者は、「任意後見人」若しくは「任意後見受任者」の地位を得ることになりますので、受任者自身において死亡届を提出できることになります。

3　献体・臓器提供についての希望の確認

　死後事務の受任者においては、相談者が、献体や臓器提供を希望するか否かについて確認をしておくことが有益であると思われます。

　相談者が献体や臓器提供に関する意思表示を行っている可能性もあり、その場合には、献体や臓器提供を実現するために必要となる手続や流れ等についてあらかじめ確認をしておくことが必要となります。

（1） 献体を希望している場合

　献体とは、死亡後に自分の身体を医学部や歯学部の解剖学教室等に提供することをいいます。医学や歯学の発展に寄与できることから、献体を希望する方がいます。

　医学及び歯学の教育のための献体に関する法律において、「献体の意思」とは、自己の身体を死後医学又は歯学の教育として行われる身体の正常な構造を明らかにするための解剖の解剖体として提供することを希望することと定義されています（献体2）。

　死亡した者が、献体の意思を「書面」により表示しており、大学の長（学校長）がそのことを遺族に告知しても遺族が解剖を拒まない場合か、死亡した者に遺族がいない場合には、解剖を行おうとする者は死体解剖保存法7条本文の規定にかかわらず、遺族の承諾を受けることを要せず、解剖することができると定められています（献体4）。

　献体を行うためには、生前に大学に申込みをし、登録をしておく必要があります。相談者が死亡してから大学に連絡をしたとしても、献体として受け入れてはもらえません。

　このため、相談者において献体を希望する意思がある場合には、その目的や希望する大学等の事情を聴取し、死後事務委任契約締結後、速やかに死亡したときに備え登録手続等に着手する必要があります。

　その上で、死亡した直後の手続や流れ等について登録した大学との間で確認をしておくことが必要となります。

　一般的には、相談者が死亡した直後に献体登録をした大学に連絡を入れた上で、葬儀を行い、出棺するタイミングで大学に遺体を引き取ってもらうことが多いようです。また、死亡届を提出して火葬許可証・埋葬許可証を取得しておくことも必要となります。

　大学に引き取られた後は、解剖が実施され、火葬の上、遺骨となった状態で返還されることになります。遺骨が返還されるまでには、1年から3年程度を要することもあるようです。受任者が遺骨を引き取る場合には、相応の期間を要しますので、注意が必要です。

　遺骨を受け取った後は、納骨をすることになりますので、その処理方法についても相談者とあらかじめ打ち合わせておくことが必要です（場合によっては、大学において納骨堂に納骨してくれることもあるようです。）。

　なお、前記のとおり、相談者の遺族が献体に反対した場合には、大学は遺体を引き取ることはしませんので、その場合に、どのような葬儀や納骨等をするのかという点についても、あらかじめ想定しておく必要があります。

特に、献体の登録に基づいて献体をする場合には、遺体の移送費用や火葬に要する費用については大学が負担することが一般的であるようですが、献体が実行できなかった場合には、これらの費用が必要となる可能性もありますので、献体ができなかった場合の費用の負担について検討しておくことが望ましいと思われます。

（2） 臓器提供を希望している場合

臓器提供とは、臓器の移植に関する法律に基づき、脳死後（脳死下）あるいは心臓が停止した死後（心停止下）において、遺体から臓器を摘出することをいいます。

臓器提供については、本人が、生前に①臓器提供をするか否か、②提供するとして心停止下に限るのか、脳死下を含めるのかという点について意思表示を行います。これらの意思表示については、生前に、本人の運転免許証・健康保険証・マイナンバーカード・その他臓器提供意思表示カードに臓器提供の意思を記載することにより行うこととなります。

公益社団法人日本臓器移植ネットワークのウェブサイトにおいて臓器提供の意思登録をすることも可能です。

臓器提供の手続や流れについても公益社団法人日本臓器移植ネットワークのウェブサイトに丁寧に記載されていますので、それらを参考にしながら、死亡した場合に想定される手続や流れについて、相談者の意思を確認しながら進めていくことになります。

受任者においては、将来、相談者が治療を受ける際に、担当医師に対し、相談者が臓器提供の意思表示をしている旨を説明することになります。

医師は、死亡した者が生存中に当該臓器を移植術に使用されるために提供する意思を書面により表示している場合であって、その旨の告知を受けた遺族が当該臓器の摘出を拒まないとき又は遺族がないときに移植術に使用されるための臓器を、死体から摘出することができる（臓器移植6①）とされているため、遺族がいる場合には、告知を受けた遺族も摘出を拒まないことが必要となります。

なお、何人も、移植術に使用されるための臓器を提供すること若しくはその提供を受けることのあっせんをすること若しくはあっせんをしたことの対価として財産上の利益の供与を受け、又はその要求若しくは約束をしてはならない（臓器移植11③）との規定があることから、受任者においては、当該規定に違反すると疑われないよう、臓器提供に関する死後事務の受任について報酬（財産上の利益）を受領することは避けるべきです。

4　葬儀・納骨等についての希望の確認

　死後事務委任契約において、最も依頼の多い内容が、相談者が死亡した後の相談者自身の葬儀や納骨等について、相談者の希望する方法によって実現してもらいたいということではないかと思われます。

　死後事務委任契約において、葬儀・納骨等の死後事務を受任する場合には、それらが実現可能かどうか、死亡後において実現できない事態が生じないかどうかという点に気を付けながら、相談者との間で契約の内容を確定させていくことになります。

（1）葬儀についての希望の確認

　葬儀とは、死亡した者を弔う宗教的な儀式全般を指します。

　一般的には、相談者が死亡した場合、受任者は、直ちに葬儀業者と寺院に連絡をし、葬儀や埋葬の日程を調整することになります。遺体は葬儀会場に搬送されて保管されます。死亡診断書を添付した死亡届を提出し、火葬許可証を発行してもらいます（墓地5①）。

　通夜を執り行った後、翌日の昼間に葬儀を行い、葬儀の後に告別式が行われ、出棺されて火葬されます。火葬後に続けて初七日法要が行われることもあるようです。

　なお、通夜や告別式を行わずに火葬する直葬という方法もあります。

　死後事務委任契約を締結するに当たっては、相談者が死亡したときから火葬するまでの一連の流れについて、相談者から詳しい希望を聴取することになります。

　相談者が信仰している宗教がある場合や特定の寺院の檀家である場合等は、それらの宗派や寺院の名称・所在地・連絡先を確認するとともに、指定する葬儀業者の有無についても確認することになります。

　その上で、葬儀業者に葬儀を依頼することになりますが、葬儀の形式・規模、葬儀費用の上限、出棺するに当たって希望する副葬品等についても確認した上で、契約の内容に盛り込んでいくことになります。

　死後事務委任契約の締結後は、契約の内容どおりに死後事務が履行できるかどうかという点について、該当する宗派や寺院に連絡をしておくことが望ましいと思われます。

（2） 納骨等についての希望の確認

　葬儀を執り行い火葬した後は、焼骨をどのように取り扱うかを決めることになります。火葬場の管理者は、火葬後、火葬許可証に火葬を行った日時を記入し、署名押印した上で、埋葬許可証として火葬を求めた者に返します（墓地16②、墓地規8）。

　一般的には、火葬後、埋葬許可証を墓地の管理者に提出して、墓地に焼骨を埋蔵することが多いと思われます（墓地14①）。

　この点、焼骨の埋蔵は、墓地以外の区域に行ってはならない（墓地4①）とされていますが、墓地へ埋蔵することを義務付けられているわけではなく、焼骨を自宅で保管することもできると解されています。

　このため、身寄りのない人や親族に墓地の管理を任せることが困難な人においては、火葬許可証を納骨堂の管理者に提出して納骨堂に焼骨を収蔵してもらうなど（墓地14②）、墓地に埋蔵する方法以外で焼骨を処理することを希望されることも多くなってきています（焼骨を墓地に埋蔵したり、骨壺に収めて納骨堂に収蔵したりすることを納骨と呼びます。）。

　そのほかにも、散骨や樹木葬等の自然葬を希望する方もいます。

　前記のとおり、焼骨の埋蔵については、墓地以外の区域に行ってはならない（墓地4①）とされていますが、埋蔵ではなく、散骨するという方法については、墓地埋葬法においても規定はありません。一般的には、相当な方法及び場所で行われるのであれば、違法性はないものと考えられています（墓地以外の土に埋める行為は、焼骨の埋蔵に該当しますので違法となります。）。

　ただし、散骨については、地方公共団体において散骨事業者の事業を規制している条例や個人的な散骨も含めて規制している条例（例：北海道長沼町「さわやか環境づくり条例」11条）もあることから、仮に、散骨によって焼骨を処理する場合には、散骨を規制する条例がないことについての確認も必要です。

　また、樹木葬は、一般的には、地面に穴を掘って、その穴の中に焼骨を撒いた上で、その上に樹木を植える方法をいうことが多いと思われますが、これは「焼骨の埋蔵」に該当しますので、墓地の区域内で行う必要があります。

　このため、相談者の希望に沿った樹木葬を取り扱っている墓地や霊園を探すことになります。

　このように、火葬後の焼骨の埋蔵や収蔵の方法等については、相談者の詳細な希望を聴取しつつ、法的に実現可能かどうかを検討した上で、死後事務委任契約の内容に盛り込んでいくことになります。

5 法要についての希望の確認

　死後事務委任契約において、葬儀や納骨等に続いて法要の執り行いを死後事務として受任する場合には、それらが実現可能かどうか、死亡後において実現できない事態が生じないかどうかという点に気を付けながら、相談者との間で契約の内容を確定させていくことになります。

（1）　法要についての希望の確認 ■■■■■■■■■■■■■■■■■■■■

　法要とは、死亡した者を供養する仏教における儀式のことを指します。
　仏教の各宗派における寺院に依頼し、僧侶にお経を上げてもらうことが多いようですが、法要の内容については、各宗派によって異なります。
　受任者が、相談者から葬儀や納骨等についての死後事務を受任した場合、納骨後の法要についても依頼を受けることがあります。
　本来であれば、「祭祀についての権利」は、相続の対象とはならず、「慣習に従って祖先の祭祀を主宰すべき者が承継する。ただし、被相続人の指定に従って祖先の祭祀を主宰すべき者があるときは、その者が承継する。」(民897①)とされていますので、相談者としては、遺言において祭祀承継者を指定しておけば、祭祀を承継してもらうことができ、その承継者によって法要も執り行われることが多いと思われます。
　しかしながら、祭祀の承継を頼めるような相続人や親族がいないことは十分に考えられますし、遺言によって祭祀を承継してもらうよりは特定の法要だけを執り行ってほしいと希望していることも考えられます。
　このため、受任者が死後事務の内容として法要を引き受けることも十分に考えられます。
　法要の中には、亡くなった日からの日にちを数えて行う忌日法要（初七日や四十九日、納骨法要等）や年単位で行う年忌法要（一周忌や三回忌、七回忌等）等があるようですが、法要を死後事務委任契約の内容とする場合には、法要を依頼する宗派や寺院の名称・所在地・連絡先、法要の内容、法要に要する費用等を特定しておく必要があると思われます。
　また、実際に、死後事務委任契約を締結した後は、それらの法要を依頼する寺院に連絡をした上で、相談者が死亡した後の具体的な連絡方法や法要に要する費用等についても確認をしておくことが望ましいといえます。

（2） 年忌法要の弊害

　年忌法要を引き受けるに当たっては、その期間に注意を要します。
　一般的に、年忌法要には、一周忌、三回忌、七回忌、十三回忌、十七回忌、二十三回忌、二十七回忌、三十三回忌があるとされており、三十三回忌に至っては相談者が死亡してから満32年目に行われることとなります。
　これらの長期的な法要を全て引き受けてしまうと、受任者は長期間死後事務委任契約に拘束されて負担となる上、受任者自身が病気等で執務ができなくなったり、死亡してしまったりすることで死後事務が遂行できない可能性も高まってしまいます。
　さらに、相続人や親族がいる場合には、葬儀や納骨等とは異なり、年忌法要は時間的な余裕があることから、葬儀や納骨等以上に、相続人や親族の意向に沿った内容で執り行いたいという希望が出ることも予想されるため、相続人や親族との間でトラブルとなることも想定されます。
　このように、年忌法要を死後事務として引き受ける場合には、長くとも三回忌までをその範囲とするのが適切であると考えられます。
　仮に、それ以上の法要についての希望がある場合には、早い段階で永代供養という形で弔い上げをするなど、他の方法について検討することが必要であると思われます。

6　親族の同意の確認

　死後事務委任契約において、葬儀や納骨等、法要についての死後事務を引き受ける場合で、かつ、相談者に推定相続人や親族がいる場合には、死後事務委任契約における内容と推定相続人や親族の希望する内容とが異なっている可能性も否定できません。
　このため、葬儀や納骨等、法要についての死後事務を受任するに当たっては、死後事務委任契約の内容についても親族から同意を得ておくことが望ましいといえます。
　特に、推定相続人がいる場合、前記 1 のとおり、相続人は、相談者である被相続人の地位を包括的に承継します（民896）。
　このため、死後事務の受任者としては、相続人が遺産を引き継ぐことを前提として死後事務を受任することになりますので、基本的には、葬儀や納骨等、法要についても、相続人と協力しながら進めていくことが理想的であると思われます。
　死後事務委任契約の当事者は、あくまで相談者と受任者ではありますが、受任者が

死後事務を円滑に履行するためには、死後事務委任契約の締結時から推定相続人や親族に一定程度関与してもらうことは非常に有益です。

　葬儀や納骨等、法要についての死後事務委任契約の内容を特定し、死後事務委任契約を締結する前に、相談者に対し、推定相続人や親族の同意を得ておくことの必要性や有益性について適切に説明しておくべきでしょう。そして、推定相続人や親族からも死後事務委任契約の内容についての同意を得て、その上で死後事務委任契約を締結することが重要であると考えます。

　ただし、推定相続人や親族との関係性が良くないがゆえに、死後事務委任契約において葬儀や納骨等、法要を第三者に委任したいと考えている相談者もいると思われますし、そのような場合は、前記の対応は難しいかもしれません。例えば、相談者若しくは受任者から電話や手紙等で死後事務委任契約の内容について推定相続人や親族にも事前に説明しておき、反対意見がないということを確認しておくなど、死後事務を円滑に履行できるよう事前にとり得る対策を検討しておくことが有益ではないかと思われます。

【参考書式1】　死後事務委任契約書条項例（葬儀・納骨等・法要に関する事項）

（関係者への連絡）
第○条　乙は、甲の死亡を知ったときは、速やかに、甲が別途書面（省略）をもって指定する者に対し、適宜の方法により甲死亡の事実を連絡しなければならないものとする。
（葬　儀）
第○条　乙は、甲の葬儀を以下の寺院に依頼するものとし、当該寺院との間で必要な調整を行うものとする。
　　寺院の名称　　○○寺
　　所在地　　○○県○○市○○町○丁目○番○号
　　連絡先　　○○－○○○○－○○○○
2　前項に定める葬儀に要する費用は、金○円を上限とする。
（納　骨）
第○条　乙は、甲の納骨を以下の寺院（ないし霊園）に依頼するものとし、当該寺院（ないし霊園）との間で必要な調整を行うものとする。
　　寺院（ないし霊園）の名称　　○○寺（ないし○○霊園）
　　所在地　　○○県○○市○○町○丁目○番○号
　　連絡先　　○○－○○○○－○○○○
2　前項に定める納骨に要する費用は、金○円を上限とする。
（年忌法要、永代供養）
第○条　乙は、甲の一周忌法要、三回忌法要及び永代供養を以下の寺院（ないし霊園）に依頼するものとし、当該寺院（ないし霊園）との間で必要な調整を行うものとする。
　　寺院（ないし霊園）の名称　　○○寺（ないし○○霊園）
　　所在地　　○○県○○市○○町○丁目○番○号
　　連絡先　　○○－○○○○－○○○○
2　乙は、三回忌法要が終了した後、速やかに、永代供養を前項の寺院（ないし霊園）に依頼し、これをもって年忌法要及び永代供養に関する事務を終了するものとする。
3　一周忌法要、三回忌法要及び永代供養に要する費用は、金○円を上限とする。

第2 病院・高齢者施設に関する事務処理

＜フローチャート～病院・高齢者施設に関する事務処理＞

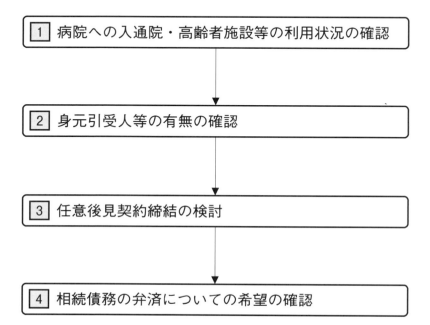

1　病院への入通院・高齢者施設等の利用状況の確認

　相談者が自宅で居住していても定期的に病院に入通院している場合や、相談者が高齢者施設等で居住している場合に必要となる死後事務について確認します。
　また、病院や高齢者施設等との関係で、身元引受人（身元保証人ということもあります。以下「身元引受人等」といいます。）が存在している場合には、身元引受人等の補助業務として死後事務委任契約で対応すべき事項の有無を確認します。

（1）　自宅に居住し病院に入通院している場合

　相談者が自宅に居住しつつ病院に通院している場合、死後事務として受任できる事務には、医療費の支払・精算が挙げられます。また、病院に入院し、入院中に死亡した場合には、相談者本人の遺体・遺品の引取り、医療費の支払・精算の必要が生じます。
　相談者本人（被相続人）の死亡により、相続が開始すると、相続人は、相続開始の時から、被相続人の財産に属した一切の権利義務を承継します（民896）。
　病院に対する未払の医療費は、相続債務に該当しますので、死後事務委任契約の受任者が当然に弁済することはできず、医療費の支払・精算の委任を受ける場合には、死後事務委任契約において、相続債務（医療費）の弁済についての定めを置いておく必要があります。
　その他の事項の対応については、身元引受人等が存在している場合には、本来は、身元引受人等が自身の義務として対応するのが原則ですが、必要に応じ、死後事務委任契約の受任者が、身元引受人等を補助するということも考えられます。

（2）　高齢者施設等に入居している場合

　相談者が高齢者施設等に入居している場合、相談者本人の死亡により、高齢者施設等での入居契約は終了しますので、相談者本人の遺体・遺品の引取り、未払の施設利用料等の支払・精算の必要が生じます。
　高齢者施設等に対する未払の施設利用料等は、相続債務に該当しますので、死後事務委任契約の受任者が当然に弁済することはできず、施設利用料等の支払・精算の委任を受ける場合には、死後事務委任契約において、相続債務（施設利用料等）の弁済についての定めを置いておく必要があります。

その他の事項の対応については、身元引受人等が存在している場合には、本来は、身元引受人等が自身の義務として対応するのが原則ですが、必要に応じ、死後事務委任契約の受任者が、身元引受人等を補助するということも考えられます。

2　身元引受人等の有無の確認

病院に入院する場合や高齢者施設等に入居する場合、身元引受人等が求められることが一般的です。

(1)　身元引受人等の役割

病院や高齢者施設等が身元引受人等に求める役割としては、①緊急時の連絡先となること、②入院中・入居中に必要な物品の準備をすること、③医療費・施設利用料等の支払・精算に応じること、④退院・退去時の支援、相談者本人が死亡した場合の遺体・遺品の引取り、葬儀の手配をすること等があります。

なお、医療行為への承諾、治療方針への同意については、相談者本人の一身専属性が極めて強いものであるため、本来は、身元引受人等の第三者に承諾・同意の権限はないものと考えられます。

(2)　身元引受人等になれる者

相談者の子ら親族が近くにいる場合であれば、その親族が身元引受人等になることが多いでしょう。

しかし、少子高齢化の進展に伴い、高齢単身世帯が増加するとともに、頼ることのできる親族がいなかったり、身元引受人等となってくれる親族がいなかったりすることも多くあるため、そうした高齢者をサポートするサービスとして、身元保証サービスを提供している事業者も近年増えています。

(3)　身元引受人等が存在する場合の死後事務委任契約

病院や高齢者施設等との関係で、相談者本人の死亡後、死後事務として対応することが考えられる委任事務（相談者本人の遺体・遺品の引取り、医療費・施設利用料等

の支払・精算等）は、本来は、身元引受人等に求められている事務であるともいえます。もっとも、身元引受人等が存在している場合であっても、身元引受人等が高齢であるなどの理由で機動的に対応することがかなわない場合等、身元引受人等がその全てに対応することが難しい状況も考えられ、そうした場合には、死後事務委任契約において、身元引受人等の補助業務を委任事務とすることが考えられます。

（4） 身元引受人等が存在しない場合の死後事務委任契約

相談者が病院への入院や高齢者施設等への入居はしておらず、身元引受人等が存在しない場合に、自宅等から救急搬送後入院となり、そのまま死亡するというケースも想定されるため、死後事務委任契約において、病院に対する医療費の支払・精算についての定めを置いておきたいとの希望があることも考えられます。

ケーススタディ

【ケース1】

Q 近親者がおらず、身元引受人等となる者がいない場合、病院への入院・高齢者施設等への入居はできないのでしょうか。

A 1　サービス提供の拒否

病院や介護保険施設に関する法令上は、身元引受人等を求める規定はなく、正当な理由なくサービスの提供を拒否することはできないこととされています。すなわち、病院への入院・高齢者施設等への入居を希望する者に身元引受人等がいないことは、サービス提供を拒否する正当な理由には該当しないとされています。

2　入院費や施設利用料等の支払の担保

入院費や施設利用料等の支払に関して、入院・入居時に預託金を支払う、クレジットカードによる支払の選択をする、日常生活自立支援事業の日常的な金銭管理サービスを利用するなどの方法により、支払の問題については解決できることがあります。

また、社会福祉協議会による日常生活自立支援事業の利用により、福祉サービス等の利用援助やそれに伴う日常的な金銭管理の実施を受けることも可能であるため（ただし、日常生活自立支援事業は、身元引受人等の立場での契約はできません。）、身元引受人等がいない場合でも、例外的に病院への入院・高齢者施設等

への入居が認められる余地はあります。そのためには、地域包括支援センターや民生委員等が相談者本人と継続的に関わり、身元引受人等がいなくとも身元引受人等に求められる事項に対応できるための方策を協議していく必要があると思われます。

【ケース2】

Q 民間の身元保証等高齢者サポートサービスの利用を検討しています。事業者を選ぶに当たってはどのような点に気を付けるべきでしょうか。

A 1 身元保証等高齢者サポートサービス提供事業者

一人暮らしで頼れる親族がいない高齢者を対象とした身元保証等高齢者サポートサービスを有償で提供する事業者が増えています。

身元保証サービスのほか、日常生活支援サービスや死後事務サービス等も提供している事業者が多いようです。

2 事業者の選択

もっとも、これらのサービスを提供している事業者が、将来も存続しており、必要となるときに頼りになるという保証はありませんので、身元保証等高齢者サポートサービスを利用する際の事業者の選択は慎重に行うべきでしょう。

具体的には、①相談者が必要とするサービス内容は何なのか、②相談者に必要なサービスの提供は受けられるのか、③サービスの利用に必要な利用料金は妥当なものかといった項目をチェックし、相談者のニーズに合った事業者であるのか慎重に確かめましょう。必要に応じ、地域包括支援センターや消費生活センター等へ相談することも有用です。

3 身元保証等高齢者サポート事業の実態調査

高齢単身世帯や高齢夫婦のみ世帯の増加に伴い、親族による支援を受けることが困難な高齢者を対象に、病院への入院時や高齢者施設等への入居時の身元保証、日常生活支援、死亡後の対応等のサービスを行う「身元保証等高齢者サポート事業」が出てきており、今後需要がさらに高まる見込みがある一方で、事業者の経営破綻に伴うトラブルも発生しており、利用者が安心できるサービス・事業者の確保が課題となっています。総務省は、消費者保護の推進とともに、事業の健全な発展のために必要な行政上の措置の検討に資するため、身元保証等高齢者サポート事業の実態について、行政機関による事業者への実地調査を含めた全国調査

を初めて実施し、令和5年8月7日、調査結果が厚生労働省、消費者庁、法務省に通知されました（詳細は、総務省「身元保証等高齢者サポート事業における消費者保護の推進に関する調査の結果（概要）」を参照してください。）。

　身元保証等高齢者サポート事業を直接規律・監督する法令・制度等は今のところ存在していませんが、事業の内容が、主に身寄りのない高齢者を支援するサービスの提供であることから、一般的な契約に比べて消費者保護の必要性は高いと考えられます。しかし、総務省の調査結果によれば、契約内容の重要事項説明書を作成している事業者は少数に留まる、利用者からの預託金を法人の代表理事の個人名義の口座で管理している例がある、利用者の判断能力が不十分になった後も成年後見制度に移行していない例がある、契約書に解約条項がない例がある、といった実態があるようです。

　今後、事業運営の健全性及び継続性の確保、高齢者が安心して利用できる仕組みの構築が行政上の課題となっていくと予想されますが、現状において、契約手順や預託金管理方法に問題がある事業者もあるようですので、身元保証等高齢者サポートサービスを契約する際には、慎重に事業者を選択する必要があります。

3　任意後見契約締結の検討

　任意後見契約は、判断能力が備わっているうちに、将来、認知症等の精神上の障害により事理を弁識する能力が不十分な状況になった場合に備え、相談者本人があらかじめ自己が選んだ受任者（任意後見受任者）に対し、自己の生活、療養監護及び財産の管理に関する事務の全部又は一部をあらかじめ委託し、その委託にかかる事務について代理権を付与する委任契約であって、任意後見監督人が選任された時からその効力を生ずる定めがあるものをいいます（任意後見2一）。なお、任意後見契約は公正証書によらなければならず（任意後見3）、登記もされます（後見登記5）。

（1）　任意後見人の代理権

　任意後見人は、家庭裁判所が任意後見監督人を選任して任意後見契約が効力を生じた後、任意後見契約において委任事項として定められた事項につき、代理権を持つことになりますが、一般的には、財産管理に関する法律行為（本人の預貯金の管理・払

戻し）及び身上保護（生活、医療、介護等に関する手続や契約締結）につき、代理権を有します。

◆任意後見人がいる場合の病院への入院・高齢者施設等への入居
　任意後見人は本人（被後見人）の代理人ではありますが、任意後見人自身が、本人の病院への入院時や高齢者施設等への入居時の身元引受人等になることはできません（身元引受人等としての立場と本人の代理人としての立場を兼ねることは、利益相反行為となるからです。）。
　しかし、病院への入院や高齢者施設等への入居に当たり、任意後見人が財産管理を受任しており医療費や施設利用料等の支払・精算は確実であること、病院への入院・高齢者施設等への入居の契約手続は任意後見人が代理できること、緊急時の連絡先として少なくとも任意後見人が窓口となること等の事情を説明することで、身元引受人等を別に設けることなく病院への入院・高齢者施設等への入居が認められる可能性はあると考えられます。

（2） 任意後見契約と死後事務委任契約との関係

◆任意後見契約の効力発生前
　任意後見契約を締結していても、任意後見監督人が選任され、任意後見契約の効力が生じる前は、任意後見受任者はそもそも本人の財産管理権を有していませんので、任意後見受任者として委任事務を行うことはできません。

◆任意後見契約の効力発生後
　任意後見契約は、委任契約ですので、本人の死亡によって契約は終了し（民653一）、本人の財産は相続人に包括承継され、任意後見人はその代理権を失います。
　委任契約には、委任が終了した場合において、「急迫の事情があるとき」は、委任者の相続人等が委任事務を処理することができるに至るまで「必要な処分」をしなければならないとする応急処分義務（民654）の規定がありますが、抽象的な要件であり、その該当性を判断することは困難です。
　本人の財産を承継した相続人全員のための事務管理（民697）を根拠とする可能性は残りますが、任意後見人が当然に死後事務を行うことができるわけではありません。

◆任意後見人への死後事務の委任

　任意後見人に死後事務を委任するためには、任意後見契約とは別に、死後事務委任契約を締結しておく必要があります。

　任意後見契約の締結をするに当たっては、本人の家族状況等に照らし、死後事務についても委任の意向があるかどうかを確認し、必要に応じて死後事務委任契約も締結することが望ましいと考えられます。

4　相続債務の弁済についての希望の確認

（1）　委任事務として弁済すべき相続債務の範囲の特定　■■■■■■■

　本人の死亡により、相続が開始すると、相続人は、相続開始の時から、被相続人の財産に属した一切の権利義務を承継します（民896）。

　病院に対する未払の医療費や高齢者施設等に対する未払の施設利用料等は、相続債務に該当しますので、死後事務委任契約の受任者が当然に弁済することはできず、これらについて支払・精算の委任を受ける場合には、死後事務委任契約にこれらの定めを置いておく必要があります。

（2）　預り金の要否及びその額の検討　■■■■■■■■■■■■■■

◆死後事務に要する費用の請求

　死後事務に要する費用は、相談者が負担すべきものであり、受任者は、相談者に対し、費用の前払を請求することが可能です（民649）。また、受任者において費用を立て替えたときは、相談者に対し、その費用の償還を請求することができます（民650）。

　死後事務に要する費用は、相談者から前払を受けて受任者が保管しておくことも、受任者において立替払をした上で事後的に償還請求することも可能ですが、立替払をした場合、受任者は、相談者の相続人に対し、立替払した費用を請求することになります（相続人が不存在の場合は相続財産清算人に対して請求します。）。

　もっとも、死後事務に要する費用の前払を受けていなかった場合に、受任者において費用を立て替える義務はありませんし、立替費用を回収できないリスクや回収までに時間を要する場合もあることを考えると、死後事務に要する費用については、相談者から前払を受けて保管しておくことが望ましいと考えられます。

◆預り金の額

　受任者の立場としては、死後事務に要する費用について不足のないよう余裕を持った金額を預かっておきたいところです（不足した場合には、相続人又は相続財産清算人に対し、不足額の償還を請求することになります。）。

　一方、相談者の立場からすれば、受任者による預り金の使い込みの可能性や、万が一、受任者に破産手続が開始された場合に受任者の財産（破産財団）に取り込まれ、返金されない可能性があることが懸念事項となります。

　医療費や施設利用料等は、事前に金額を特定することは困難ではありますが、その他の委任事項も踏まえて、おおむね想定される金額について相談者と受任者との間で協議し、預り金の額を決定することになるでしょう。

> ケーススタディ

【ケース1】

Q　死後事務に要する費用の前払を受けて保管する場合、どのように保管することが適切なのでしょうか。

A　受任者が相談者から死後事務に要する費用の前払を受けて預かる場合、自らの固有財産と明確に分別して管理する必要があります。

　具体的には、預り金のみを保管する専用の預貯金口座を準備し、当該口座にて保管しておくことがよいと思われます。受任者が弁護士である場合には、「○○死後事務委任契約預り金口弁護士○○」「○○死後事務受任者弁護士○○」等の名義で預貯金口座を開設し、当該口座で保管・管理すべきでしょう。

　預り金を受任者の固有財産と分別して管理しておかなかった場合、預り金の額について正確に把握できなくなるおそれがあるほか、万が一、受任者に破産手続が開始された場合に預り金が受任者の財産（破産財団）に取り込まれてしまい返金されないことになりかねません。

【ケース2】

Q　死後事務に要する費用を確実に確保する方法として、費用の前払のほかにどのような方法が考えられますか。

A 　1　信託による場合

　死後事務に要する費用について前払を受け、その金銭を信託銀行や信託会社に信託する方法も考えられます。

　信託を利用する場合、預り金は信託銀行や信託会社の債権者による強制執行の対象から除外され（信託23①）、万が一、信託銀行や信託会社に破産手続が開始された場合でも、預り金が破産財団に取り込まれることはありません（信託25①）。

　一方で、信託を利用する場合には、信託銀行や信託会社に対する信託報酬が毎年発生することから、相談者に経済的負担が生じる点には留意すべきでしょう。

2　遺言による場合

　相談者が遺言を作成し、遺言の中で、死後事務に要する費用を相続財産から支払うよう明記する方法も考えられます。

　死後事務委任契約の受任者が遺言執行者を兼ねる場合、遺言執行者の立場で本人の預貯金等の解約手続を行い、払戻金の中から死後事務に要する費用の支払を受けることになります。

　遺言による場合、死後事務委任契約の受任者が相続人間の遺言無効の争いに巻き込まれ、その結果、死後事務に要する費用の支払が滞るというリスクがあります。

【参考書式２】　死後事務委任契約書条項例（病院・高齢者施設等に関する事項）

（病院、高齢者施設等との契約の解約及び精算）
第○条　甲は、乙に対し、甲が入院していた病院、甲が入所、利用していた高齢者施設等との契約の解約及び医療費、施設利用料等の精算に関する手続を委任する。
（受任者に対する費用等の預託）
第○条　甲は、乙に対し、本件死後事務のための費用及び乙の報酬の支払に充てるため、本契約締結時に、金○円を預託金（以下「本件預託金」という。）として、乙に預託するものとする。ただし、本件預託金については利息を付さないものとする。
２　乙は、本件預託金を乙の財産とは分別して管理しなければならない。
３　乙は、甲に対し、本件預託金の預託後速やかに、本件預託金について預り証を発行するものとする。
４　乙は、本件委任事務（甲の死亡前に行うべき事務がある場合を含む。）の履行に関する費用を、その都度本件預託金から支払うことができる。
５　乙は、本件預託金に不足が生じ、又は不足することが見込まれる場合には、甲に対し、不足額又は不足が見込まれる額の追加預託を請求することができる。
６　乙は、第１項の本件預託金の預託又は前項の追加預託があるまでは、本件委任事務の履行を中止することができる。

第３　行政機関への届出に関する事務処理

＜フローチャート～行政機関への届出に関する事務処理＞

┌───┐
│ 1 マイナンバーカードの保有の有無と各種紐付けの確認 │
└───┘
                        ↓
┌───┐
│ 2 受任する事務及び履行権限の有無の確認   │
└───┘

1 マイナンバーカードの保有の有無と各種紐付けの確認

相談者が死亡した後には種々の行政手続が必要となることがあります。

それらの行政手続を死後事務として受任する場合には、相談者がマイナンバーカードを保有しているかどうか、また、マイナンバーカードと紐付けされている手続は何かを事前に確認しておくことが有益です。

（1） マイナンバーカードの保有の確認

マイナンバーカードについて規定する「行政手続における特定の個人を識別するための番号の利用等に関する法律」には、マイナンバーカードを死亡後に市町村役場に返還することまでは求められていません。

マイナンバーカードは、死亡によって失効するため（番号17⑩、番号令14十一）、仮に、相談者が死亡後もマイナンバーカードを保有していたとしても、特に問題となる可能性は低いものと考えられます。

しかしながら、マイナンバーカードは、健康保険証、国民年金・厚生年金保険、住民票等と紐付けされている可能性があり、行政手続についての死後事務を受任した場合には、マイナンバーカードを手元に置いて手続ができれば、手続が相応に簡易化される可能性があります。

このため、マイナンバーカードの保有の有無を確認しておくことは有益であると思われます。

以下では、健康保険証や国民年金・厚生年金保険との紐付けについて言及しますが、マイナンバーの紐付けについては今後も進展することが予想されますので、死後事務委任契約を締結する時点において最新の情報を確認するとよいでしょう。

（2） 各種紐付けの確認

① 健康保険証

現在（2024年9月時点）、マイナンバーカードを健康保険証として利用することが可能となっています。

また、2024年12月頃には、健康保険証を廃止してマイナンバーカードと一体化したマイナ保険証に切り替える方針であるとされています。

このため、今後は、相談者が死亡した後の健康保険の資格喪失に係る手続等につい

ては、マイナンバーカードが必要となる可能性が高くなっているといえ、健康保険に関する手続を受任する場合には、マイナンバーカードの保有の有無を確認する必要があると思われます。

② 国民年金・厚生年金保険

日本年金機構が保有している情報にマイナンバーを追加で登録することをマイナンバーの収録といいますが、相談者が、国民年金・厚生年金保険に加入している場合や年金を受け取っている場合には、マイナンバーの収録ができているかどうかを確認してください。

相談者が年金を受け取っている場合には、年金事務所に対して受給権者死亡届を提出する必要がありますが、仮に、マイナンバーの収録が完了している場合には、「死亡届」の提出を省略することができ、原則として特に手続は必要ないということになります（死亡届が必要な場合は、死亡後10日（国民年金は14日）以内に「死亡届」に死亡年月日、年金証書に記載されている基礎年金番号と年金コード、生年月日等を記入し、亡くなった方の年金証書と、死亡を明らかにすることができる書類（除籍謄本又は住民票の除票等）を添えて、年金事務所又は年金相談センターに提出します。）。なお、未支給年金の届出等の手続は必要です。

このため、マイナンバーカードを保有している場合には、国民年金・厚生年金保険との紐付けの有無を確認するとともに、紐付けされていない場合には、積極的に紐付けを勧めることも有益であると思われます。

2 受任する事務及び履行権限の有無の確認

相談者が死亡した後の行政手続を死後事務として受任する場合には、その具体的な手続の内容と受任者において手続をする権限があるかを確認しておくことが有益です。

(1) 国民健康保険、介護保険

国民健康保険や介護保険については、死亡届が提出されることにより資格を喪失します（なお、死亡届を提出できる者については戸籍法87条に列挙されているとおりですので、提出者を誰にするか事前に確認しておく必要があります（第1 2 (1)参照）。）。

その上で、国民健康保険被保険者証や介護保険被保険者証を返還するとともに、資

格喪失届を提出することになります（ただし、市町村役場によっては、届出そのものが不要というところもあるようです。）。この点、死後事務委任契約の受任者が、その地位に基づき、市町村役場に対し、これらを返還したり、届け出たりすることができるとも考えられます。

ただし、国民健康保険法では、「世帯主は、その世帯に属する被保険者がその資格を喪失したときは、厚生労働省令の定めるところにより、速やかに、市町村にその旨を届け出なければならない。」（国保9⑤）と定められており、届出義務者は「世帯主」となっています。

このため、死後事務としてこれらの手続を受任する際には、実際に手続を行うこととなる市町村役場に対し、届出義務者を事前に確認しておくことが望ましいものと思われます。

（2） 年金受給資格

相談者が年金を受給している場合には、死亡後、年金事務所に対し、受給権者死亡届を提出する必要があります。

この点、死後事務委任契約の受任者が、その地位に基づき、受任者において、年金事務所に対し、死亡診断書の写し等の書類を添付した上でこれを届け出ることができるとも考えられます。

ただし、国民年金保険法では、「被保険者又は受給権者が死亡したときは、戸籍法（昭和22年法律第224号）の規定による死亡の届出義務者は、厚生労働省令の定めるところにより、その旨を第三号被保険者以外の被保険者に係るものにあつては市町村長に、第三号被保険者又は受給権者に係るものにあつては厚生労働大臣に届け出なければならない。」（国年105④）と定められており、届出義務者は、死亡の届出義務者となっています。

死亡の届出義務者以外の者が、届け出ることができるか定かではありませんが、国民年金法施行規則では、「氏名及び住所並びに届出人と受給権者との身分関係」を届出書に記載して、「当該事実があつた日から14日以内に」提出する（国年則24①）とされています。

このため、年金事務所に対する受給権者死亡届の提出を死後事務の内容とする場合には、あらかじめ管轄の年金事務所に対し、受任者において届出をすることができるか確認しておくことが望ましいものと思われます。

（3） マイナンバーカード・運転免許証・パスポートの返還　■■■■■

　マイナンバーカードについて規定する「行政手続における特定の個人を識別するための番号の利用等に関する法律」には、マイナンバーカードを死亡後に市町村役場に返還することは求められていません。

　マイナンバーカードは、死亡によって失効するため（番号17⑩、番号令14十一）、そのまま保有していたとしても、問題が生じる可能性は低いものと思われます。

　ただし、実務上は、市町村役場においても、マイナンバーカードの返還を受け付けているため、死後事務委任契約の受任者においても返還することは可能であると思料しますが、具体的な方法については、事前に返還することとなる市町村役場に確認しておくことが望ましいといえます。

　運転免許証についても死亡後の返還について、特段の定めはありません。

　しかしながら、運転免許証が有効な状態のままにしておくと、運転免許証更新連絡書等の通知が届くことになりますので、このような通知を事前に停止したい場合には、管轄の警察署等に運転免許証の返納方法等を事前に確認の上、死後事務として受任することになると思われます。

　他方で、パスポートについては、「旅券の名義人が死亡し」たときは、「その効力を失う。」（旅券18一）と定められており、その上で、効力を失ったときは、「国内においては、一般旅券にあつてはその名義人が都道府県知事又は外務大臣に対し」「遅滞なくその旅券を返納しなければならない」（旅券19⑤）と定められているため、死亡後、返納する必要があります。

　このため、相談者が死亡した場合には、相談者が死亡した事実が分かる書類とともに、都道府県のパスポートセンター等にパスポートを返納する手続を取ることになりますが、パスポートセンター等の窓口に死後事務委任契約の受任者が返納手続をすることができるかあらかじめ問い合わせておくべきだと思われます。

【参考書式３】　死後事務委任契約書条項例（行政機関への届出に関する事項）

（行政官庁等への諸届出）
第〇条　乙は、甲の死亡後、行政官庁等に対し、甲の死亡にかかる以下の届出ないし事務を行う。
① 市町村役場に対する死亡届・死体埋火葬許可申請書の提出（代行）
② 年金事務所に対する受給権者死亡届の提出
③ 市町村役場に対するマイナンバーカードの返還
④ 市町村役場に対する健康保険被保険者証の返還及び資格喪失届の提出
⑤ 市町村役場に対する介護保険被保険者証の返還及び資格喪失届の提出

第4 住居に関する事務処理

＜フローチャート～住居に関する事務処理＞

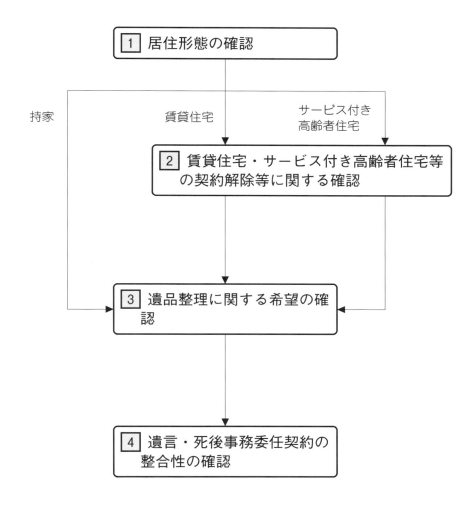

1 居住形態の確認

相談者の現在の住まいを確認し、その居住形態に応じて必要となる死後事務について検討します。相談者の希望の中には、死後事務では受任できない事項も含まれる可能性があるため、留意が必要です。

(1) 持家の場合

相談者が持家に居住している場合、死後事務として受任できる事務としては、遺品整理が考えられます（後記3参照）。

相談者から、死亡後の持家の管理や処分を依頼された場合、それらは死後事務では受任できないため留意が必要です。

◆死亡後の持家の管理

相続は死亡によって開始され（民882）、相続人は相続開始の時から被相続人の財産に属した一切の権利義務を承継します（民896）。そして、相続人は、その固有財産におけるのと同一の注意をもって、相続財産を管理しなくてはなりません（民918）。相続人が不存在の場合、相続財産は法人となり（民951）、相続財産清算人が選任される（民952）と、相続財産清算人が相続財産の管理をします（民953・27）。

相談者において、死亡後の持家の管理の希望を有していたとしても、相談者に相続人がいる場合には、持家の管理は相続人がすべきことですので、死後事務として受任することは避けるべきです。死後事務として受任可能な範囲は、相続人への連絡まででしょう。

一方、相続人が不存在の場合は、相続財産清算人が選任されれば相続財産清算人が持家の管理をしますが、選任前の持家の管理を誰が行うかは民法の規定からも明らかではありません（ただし、相続の放棄をした者は、一定の場合、相続財産清算人に引き渡すまでの間、財産の管理をしなければなりません（民940①）。）。そうすると、相談者に身寄りがなく、相続人が不存在の場合には、相続財産清算人が選任されるまでの間の暫定的な措置として、持家の管理を死後事務として受任することも考えられます。

相続財産清算人が選任されるには、その前提として、相続財産清算人選任の申立てが必要となります。相続財産清算人選任の申立ては、利害関係人において行うことができますが（民952①）、申立ての際には原則として予納金の納付が必要となりますので、一般的には、相談者の相続財産が潤沢であるなど特別な事情がない限り、相続財産清

算人選任の申立てがされることは期待できません。そうすると、暫定的といえども、死後事務委任契約の受任者が、持家の管理を長期にわたり行わなければならない可能性が生じ得ます。受任者としては、そのようなリスクを回避するために、受任者において相続財産清算人選任の申立てをすることも検討しておくべきであり、併せて、申立てをするための予納金を確保できるか確認しておく必要があります。仮に、予納金の確保が難しいような場合には、死亡後の持家の管理は、たとえ暫定的なものであっても受任しない方がよいでしょう。

◆死亡後の持家の処分

　死亡後の持家の処分は、遺言事項となるため、死後事務委任契約では受任することができません。したがって、相談者が死亡後の持家の処分を希望している場合には、死後事務委任契約ではなく遺言を作成する方法を案内すべきです。

ケーススタディ

Q　相談者から、死亡後、自分の唯一の財産である持家を売却し、その売却代金は、何十年も親身に看病・介護してくれた友人にあげてほしいと相談された場合、どのような点に留意すべきでしょうか。

A　相談者の持家の売却とその売却代金の友人への交付は、遺贈です。遺贈（民964）は遺言によらなければできません。持家は財産的価値も大きいので、遺言によらずに処分すると、相続人や相続財産清算人との間で後日トラブルになる可能性があります。したがって、相談者の希望をかなえるには、死後事務委任契約ではなく、遺言を作成し、遺言執行者の指定をしておくべきです。

　また、相談者に疎遠な相続人がいる場合には、死後事務委任契約を利用して、相談者の死亡の事実とともに、相談者の希望を手紙等で相続人に伝えることを検討してもよいでしょう。その結果、相談者の相続人は、遺留分が侵害されている場合であっても、友人に対する遺留分侵害額の請求をしないかもしれません。こうした相談者の希望を手紙等で伝える事務は、死後事務になじむものです。

　遺言や死後事務委任契約を作成する際に大事な姿勢は、遺言事項と死後事務委任契約における委任事項との区別を付けた上で、相談者の希望を確実に実現するためには何ができるかを検討し、それを具体化することです。

（2） 賃貸住宅の場合

　賃借権も財産権の一種ですので、賃借人が死亡すると相続の対象となります。したがって、賃貸借契約は賃借人が死亡しても消滅せずに相続人に承継され、解約をするかどうかは相続人が決定し、相続人が不存在の場合（相続人のあることが明らかでないときを含みます。）は、相続財産清算人が決定することになります。

　しかしながら、相続人間で賃貸住宅をめぐる方針が決まらない、相続人が高齢であったり、遠方に住んでいたりするなどの事情から、賃貸借契約の解約や明渡しの対応をするのが困難又は長期間を要することがあります。また、相続人が不存在の場合には、相続財産清算人を選任するために時間を要することもあります。

　なお、相談者が、自らの死亡後に賃貸住宅の解約や明渡しをすぐに行ってほしい旨を遺言に記載したとしても、遺言執行者に対する法的拘束力は生じません。なぜなら、遺言で有効に定めることができる事項は法定されているところ、契約の解除はこれに含まれていないからです。

　そこで、相談者の死亡後の賃貸住宅の解約や明渡しを円滑に執り行うために、死後事務委任契約を締結することが有用です。具体的には、受任者に対し、賃貸借契約の解約等の処理を委任することが考えられます（後記2参照）。

（3） サービス付き高齢者住宅の場合

　相談者がサービス付き高齢者住宅に入居している場合、通常は、入居に関する契約（賃貸借契約によることが多いと思われます。）において、入居者本人の死亡が入居に関する契約の終了事由に含まれています。そのため、相談者が死亡した後の退去手続の際には、入居に関する契約の解約を別途行う必要はありません。

　また、サービス付き高齢者住宅へ入居する場合、当該住宅から身元保証人や身元引受人（以下「身元保証人等」といいます。）を求められることが一般的です。そして、通常は、身元保証人等の義務として、入居者本人が死亡した際の私物の引取りや、未払の賃料・サービス利用料の精算等が定められています。以上のような運用を踏まえると、死後事務委任契約の受任者としては、身元保証人等の補助を行うことを死後事務として受任することが考えられます（第2参照）。

　また、相談者がサービス付き高齢者住宅に遺した私物等について、遺品整理を受任することも考えられます（後記3参照）。

2 賃貸住宅・サービス付き高齢者住宅等の契約解除等に関する確認

　相談者が賃貸住宅に居住している場合、入居時に、賃借人が死亡した際の賃貸借契約の解除及び残置物の処理等に関する死後事務委任契約を既に締結している場合があるため、確認が必要です。

　また、死後事務委任契約において受任者が賃貸借契約の解除及び残置物の処理等の死後事務を受任する際には、これらの事務を円滑に行うための手当てを検討すべきです。

（1） 賃貸借契約の解除及び残置物の処理等を内容とする死後事務委任契約の確認

　近時、民間の賃貸住宅において、相続人が明らかでない単身高齢者が死亡した際の賃貸借契約の解除や残置物の処理等への不安感から、賃貸人が高齢者の入居の申込みを拒否することがあります。このような賃貸人の不安感を払拭し、単身高齢者の居住の安定を図ることを目的として、令和3年6月7日、国土交通省と法務省より賃貸借契約の解除及び残置物の処理等を内容とした死後事務委任契約に係る「残置物の処理等に関するモデル契約条項」が公表されました。賃借人の死亡時に契約関係及び残置物を円滑に処理することができるように、賃貸借契約の締結に当たり、賃借人と受任者との間で、①賃貸借契約の解除と、②残置物の処理等に関する死後事務委任契約の締結が有効であるとされています。

　また、受任者は、賃借人の推定相続人のいずれかとするのが望ましいとされています。その上で、推定相続人の所在が明らかでない場合や、推定相続人が非協力的であるなど推定相続人を受任者とすることが困難な場合には、居住支援法人（住宅確保要配慮者に対する賃貸住宅の供給の促進に関する法律に基づき、居宅支援を行う法人として都道府県が指定するもの）や居住支援を行う社会福祉法人のような第三者を受任者とするのが望ましいとされています。

　このように、相談者が、賃貸借契約の解除及び残置物の処理等を内容とした死後事務委任契約を既に締結している場合は、相談者の要望を聴き取った上で、新たに死後事務委任契約を締結する必要があるかを検討すべきです。仮に、新たに死後事務委任契約を締結する場合、従前の死後事務委任契約の受任者と、新たに締結する死後事務委任契約の受任者のいずれが委任事務を履行すべきかが不明確となってしまう可能性があります。そのため、新たに死後事務委任契約を締結するのであれば、従前の死後事務委任契約を解除すべきであるということを相談者に助言しておくべきです。

(2) 賃貸借契約の解除についての推定相続人の承諾

　相談者の賃貸借契約を確認し、賃貸借契約の解除及び残置物の処理等に関する死後事務委任契約を締結していない場合には、死後事務として、賃貸住宅に関する賃貸借契約の解約や明渡しに関する事務を受任することが考えられます。

　もっとも、賃借人が死亡した場合、賃借人たる地位は「被相続人の財産に属した一切の権利義務」として、賃借人の相続人へと承継されることになるため（民896本文）、死後事務委任契約の受任者が賃貸人に対して賃貸借契約の解約等を申し入れても、賃貸人が相続人の意向を尊重する結果として、賃借人の相続人の承諾を得るよう求められることが考えられます。

　死後事務委任契約の受任者が、受任者としての地位に基づき、賃借人の相続人の承諾を得ることなく賃貸借契約の解約権を行使することも一応は考えられますが、賃貸人が賃貸借契約の解約に応じてくれない場合には、事実上、賃借人の相続人の承諾を得なければなりません。

　このようなこともあり得るため、死後事務委任契約の締結時に、推定相続人から事前に賃貸借契約の解約についての承諾を得ておくことが肝要です。

(3) 敷金・保証金の受領方法の確認

　賃貸借契約の解約に伴い、敷金・保証金に残額が生じた場合には、賃貸人から返還されます（民622の2①）。このとき、受任者が敷金・保証金を受領する手続を行うことについて疑義が生じないように、死後事務委任契約の委任事務として、賃貸借契約の解約だけではなく、敷金・保証金の返還請求及び受領についても明確に規定しておくことが望ましいです。

　もっとも、返還される敷金・保証金についても、「被相続人の財産に属した一切の権利義務」として相続の対象となるため（民896本文）、その取扱いには注意を要します。

　敷金・保証金の返還を受けるに当たって、その返還先としては、①相談者の預貯金口座、②受任者の預貯金口座、③相談者の相続人の預貯金口座が想定されますが、返還された敷金・保証金は、相続財産として最終的には相談者の相続人へと引き継ぐことになるため、③の方法によることが最も簡便であるといえます（相談者に相続人が存在しないような場合や相続人が複数存在する場合には、①や②によらざるを得ません。）。

3 遺品整理に関する希望の確認

（1） 遺品の引渡し先の確認

　相談者から、家財道具、生活用品等の動産類の整理（遺品の整理）の希望があった場合、当該動産類は、相談者の遺産として、その承継者（相続人や受遺者）に引き渡すことが原則となるので、誰に引き渡すべきかを確認する必要があります。特に相続人が複数いるような場合には、誰を引渡し先とするかを委任事務として特定しておくと安心です。また、実際に死後事務を履行するときに備えて、引渡し先の連絡先等を聴取しておくことが必要です。

　他方、相談者が当該動産類を承継者（相続人や受遺者）以外に引き渡すことを希望するような場合には、相続人との間でトラブルが発生する可能性（後記(3)参照）や、遺言との抵触（後記 4 参照）に留意すべきです。

（2） 廃棄処分を希望する場合

　相談者が、家財道具、生活用品等の動産類を相続人へ引き渡すことを望まず、当該動産類の廃棄処分を希望していることもあり得ます。この場合、動産類に相応の経済的価値がある場合はもちろん、経済的価値はないが相続人にとって主観的価値がある場合（例えば、形見となるような古い服等）には、当該廃棄処分によって相続人とトラブルになることが考えられます。

　したがって、相談者が廃棄処分を希望する場合は、廃棄処分を依頼し相続人への引継ぎを要しない旨を死後事務委任契約における委任事項として明記するとか、搬出・廃棄処分前に、相続人に形見分けの機会を提供するといったことも検討すべきでしょう（後記(3)参照）。

　なお、相談者が廃棄処分を希望する場合には、廃棄処分の対象となる動産類の詳細や、廃棄処分の方法についての希望を聴き取っておくとともに、廃棄処分のための費用を確保できるかについても確認しておくべきです。特に、産業廃棄物に該当するような動産類が存在するような場合や、特定家庭用機器再商品化法（いわゆる家電リサイクル法）の対象となる家電が存在するような場合には、想定外の費用を要することもあり得ます。

(3) 形見分けの希望がある場合

　死後事務委任契約における委任事務の履行として形見分けができるか否かは、形見分けの対象となる物の財産的価値の多寡によるところが大きく、財産的価値が比較的低額な場合には委任事項とすることが可能であると考えられます。

　形見分けを内容とする死後事務を依頼された場合、その内容が衣類や書籍等、財産的価値が比較的低額である場合には形見分けによって紛争が生じる可能性は低いでしょう。ただし、余計な紛争を回避するという観点から、事前に相続人に対し、形見分けの委任を受けていることを説明し、理解を得ておくことが必要です。

　また、切手、絵画、宝石等財産的価値のある動産を遺産分割の対象としている場合には、相続人との間でトラブルが生じ、形見分けが実現できない可能性もあります。できる限り遺言等で財産を移転させることが望ましいでしょう（ただし、遺言の内容によっては、相続人の遺留分を侵害する可能性があるという問題は別途検討が必要です。）。

　このように、対象となる物の種類によっては前記のリスクが生じ得ますので、死後事務委任契約を締結する際にはそのことを相談者に説明しておく必要があります。

　そして、相談者が死亡した場合には、相続により相談者の地位が相続人に承継されるため、死後事務委任契約の解除権を制限する条項を規定しておくことも必要です（第3章5参照）。

(4) 神具、仏具等の処分の希望がある場合

　相談者に同居する親族がおらず、所有する神具、仏具等を引き継いでくれる相続人もいないなどの理由で、神具、仏具等を処分せざるを得ないケースがあります。具体的な選択肢としては、神社や寺に依頼する方法、各種業者に依頼する方法、廃棄物として処分する方法等が考えられますが、神具、仏具等については、相談者の思い入れや宗派も様々ですので、処分の方法について相談者の希望を確認しておくべきです。

　なお、処分の方法によっては費用が高額になることや、実現可能性が低いこともあり得ますので、これらの事情を踏まえて、相談者に説明を行っておくべきです。

4 遺言・死後事務委任契約の整合性の確認

　死後事務委任契約を締結するに当たっては、遺言との関係を意識することが必要です。遺言で「居宅内の動産は全て○○に相続させる」という条項や、「その他の財産は全て○○に相続させる」という条項がある場合に、他方で、居宅内の動産類の廃棄処分を委任する死後事務委任契約を締結してしまうと、遺言と死後事務委任契約の内容に抵触が生じ、とりわけ、動産類の中に相応の価値がある物が含まれる場合は問題が顕在化します。

　この点、死亡後の財産の処分に関しては、法律は原則として遺言による処分を想定していることから、死後事務委任契約の中で、「遺言に別段の定めがある場合には遺言による」といった条項を記載した上で、遺言が優先されることを明記し、死後事務として履行しなくてよい旨を明記することが考えられます。

【参考書式4】 死後事務委任契約書条項例（住居に関する事項）

① 〔相談者の住居が賃貸住宅である場合〕

（本件委任事務の内容）
第○条　甲は、乙に対し、本日、以下に定める本件委任事務を乙に委任し、乙はこれを引き受けるものとする。
　① 不動産賃貸借契約の解約及び賃借物件の明渡し
　② 甲の所有権に属する家財道具や生活用品等の廃棄処分が必要な動産類の廃棄処分
（不動産賃貸借契約の解約等）
第○条　乙が解約すべき不動産賃貸借契約は、以下のとおりとする。
　賃　貸　人　○○○○
　賃　借　物　件　○○○○
　賃貸借期間　○○○○
2　甲の相続発生時、甲に前項の賃貸借契約が存在しない場合、乙が解約すべき不動産賃貸借契約は、甲が相続発生時に賃借していた甲の自宅に係る不動産賃貸借契約とする。
3　前2項に基づく不動産賃貸借契約の解約に基づき、賃借物件の明渡しを行うに当っては、以下の取扱いとする。
　① 賃借物件内の動産類は、全て、以下の者に引き渡す。
　　氏　名　○○○○
　　住　所　○○○○
　　連絡先　○○○○
　② 前号の者が動産類の引取りを拒んだときは、乙は動産類を適宜の方法で処分、廃棄の上、賃借物件の明渡しを行う。

② 〔仏具の処分について定める場合〕
　㋐　菩提寺が定まっている場合

（本件委任事務の内容）
第○条　甲は、乙に対し、本日、以下に定める本件委任事務を乙に委任し、乙はこれを引き受けるものとする。
　① 仏具の処分
（仏具の処分）
第○条　甲の所有する仏具の処分は、以下の寺院に依頼する方式により行う。
　寺院名　○○寺

所在地　○○県○○市○○町○丁目○番○号
　　連絡先　○○-○○○○-○○○○
2　前項の仏具の処分に要する費用は、金○万円を上限とする。

㋑　業者に依頼する場合

（仏具の処分）
第○条　甲の所有する仏具の処分は、閉眼供養等社会通念上相当とされる方式を履践する業者に依頼して行う。

第5　公共・通信サービスに関する事務処理

＜フローチャート～公共・通信サービスに関する事務処理＞

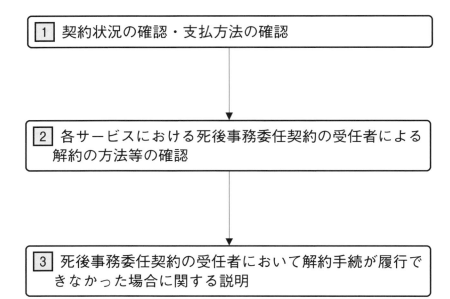

1 契約状況の確認・支払方法の確認

（1） 生活に密接に関連する契約関係の処理

現代社会で生活していると、電気、ガス、水道等の利用契約や携帯電話、インターネット等の通信契約等、生活に密接に関連する様々な役務提供（サービス供給）契約を締結することになります。

これらの契約は、契約者が死亡したとしても解約手続等を行わない限り、基本利用料等の利用料金が請求され続けることになるため、相談者の死亡後に解約（名義変更を含みます。）や利用料金の精算等の手続が必要となります。このため、相談者がこれらの手続を死後事務委任契約の受任者に委ねたいと考えることも自然です。

一方で、推定相続人が相談者と同居している場合には、同居人がこれらの契約について同居人自身に対する名義変更を希望することが想定できます。このような場合には、推定相続人である同居人において手続を進める方がかえって円滑に目的を達成できる可能性がありますので、相談者及び推定相続人である同居人にそのことを説明の上、死後事務委任契約の内容としないという対応も合理的です。

以下では、相談者に同居人がいないなど、電気、ガス、水道等や携帯電話、インターネット等を継続的に利用する必要がない場合に、死後事務委任契約の受任者が解約手続等を受任する場合の相談対応について説明します。

（2） 契約状況の確認（サービス提供事業者及びその連絡先の把握）

生活に密接に関連する契約関係といっても、契約の相手方が全て同じというわけではありません。

特に、携帯電話、インターネット等の通信契約のサービス提供事業者は格安SIMの登場もあって増加しています。また、電気やガスについては消費者が供給元の事業者を選択できる制度になっており、契約の相手方を把握しないまま解約手続等を受任すると、相談者の死亡後に、聴き取りをしておけば容易に把握できた事項であるにもかかわらず、少ない手掛りを基に改めて契約の相手方を調査しなければならないという事態になりかねません。

このことから、サービス提供事業者及び解約手続等を行う際のサービス提供事業者

の連絡先を事前に確認しておくことは、後の円滑な委任事務遂行の観点から重要といえます。

なお、水道については、各地方公共団体の水道局が管理・運営を行っているため、サービス提供事業者及びその連絡先の把握は比較的容易です。

（3） 支払方法の確認

相談者が、相談時点で締結している契約を、死亡後に第三者に対し、名義変更することを希望したとしても、利用料金の滞納があれば、サービス提供事業者から契約を解除される原因となりかねません。

また、後記のとおり、サービス提供事業者が死後事務委任契約の受任者による解約手続等に応じないことも想定されるため、やむを得ず、利用料金を複数回滞納することで、利用料金の滞納を原因とする契約の相手方からの解約によって契約関係を終了させなければならない状況となることも想定する必要があります。

このことから、相談者がどのような方法で、前記の電気、ガス、水道等や携帯電話、インターネット等の利用料金を支払っているのかについて確認しておくことが好ましいといえます。

2 各サービスにおける死後事務委任契約の受任者による解約の方法等の確認

（1） 解約の方法・解約に必要な情報の確認

電気、ガス、水道等や携帯電話、インターネット等の生活に密接に関連する契約を解約するには、当該サービス提供事業者の実店舗に赴いて対面で解約手続をする、電話で解約を申し入れる、インターネットによって解約手続をするなど様々な方法があります。

もっとも、最近は、事前にログインIDとパスワードを把握していれば、インターネットによって解約手続をすることができるものが多く、生活に密接に関連する契約についても例外ではありません。

当該サービス提供事業者に対し、インターネットによる連絡が可能な場合には、比

較的容易に当該サービス供給契約を解約できる可能性がありますので、死後事務委任契約を受任する際には、当該サービス供給契約についてインターネットによる解約手続が可能か、可能な場合にはログインIDとパスワードを確認しておくとよいでしょう。

なお、最近はインターネットによる解約手続が可能な場合にも、本人確認手続が厳格化されており、二段階認証等により、契約当事者以外の者によるログインができない場合があることについても注意が必要です。

インターネットによる解約手続が可能な場合には、死後事務委任契約を締結する際に、当該サービス供給契約を解約するためにどのような手続が必要となるか把握しておくことで、円滑に委任事務を遂行することができます。

また、解約手続をする際に、ほとんどの契約において、利用者及びサービスの供給場所を特定するための情報（お客様番号等）が必要になります。

利用者及びサービスの供給場所を特定するための情報（お客様番号等）は、利用明細書から把握できることが多いので、生活に密接に関連する契約の解約手続を依頼された場合には、利用明細書に記載されているお客様番号を控えておくことが有用です。

（2） 解約権者の確認

電気、ガス、水道等や携帯電話、インターネット等の生活に密接に関連する契約においては、当該サービス供給契約や定型約款により解約権者が明確に定められている場合があります。

特に、携帯電話、インターネット等の通信契約については、定型約款で解約権者が限定されているため、利用者が任意に定める代理人は解約権者に該当しないことが多いところです。

死後事務委任契約の受任者が携帯電話、インターネット等の通信契約の解約権者として定められていないからといって、受任者となることを断念する必要はありませんが、事前に解約手続の難易を把握することで相談者に見通し等の説明をすることができるようになりますので、当該サービス供給契約の解約権者について事前に確認しておくことが好ましいといえます。

3 死後事務委任契約の受任者において解約手続が履行できなかった場合に関する説明

（1） 解約手続が履行できない場合

　電気、ガス、水道等や携帯電話、インターネット等の生活に密接に関連する契約において、利用者が任意に定める代理人による解約手続が認められない場合があります。また、死後事務委任契約の受任者による解約手続が行われたケース自体が必ずしも多くないため、法的な根拠がないにもかかわらず、死後事務委任契約の受任者による解約手続に応じてもらえないことがあります。

（2） 相談者・推定相続人に対する説明

　サービス提供事業者が死後事務委任契約の受任者による解約手続に応じない場合には、相談者が契約関係を解消することは事実上困難な状態になります。
　一方で、生活に密接に関連する契約についてサービスの供給を受けていなかったとしても、契約関係を解消できない場合には基本利用料等の利用料金が発生するものも少なくありません。
　このことから、死後事務委任契約の受任者による解約手続が困難であることが発覚した場合には、利用料金の負担を最小限にする意味でも、速やかに相続人又は相続財産清算人に対し、引継ぎを行う必要があります。
　もっとも、相続人の協力が期待できない場合等については、利用料金を複数回滞納することで、利用料金の滞納を原因とする契約の相手方からの解約によって契約関係を終了させたりすることも検討する必要があります。
　この場合、相談者には、解約手続に応じてもらえない可能性があること、利用料金を滞納して契約の相手方からの解約を待つ可能性があること、解約手続が完了するまで利用料金を負担せざるを得ないことを説明しておくのが好ましいといえます。
　また、推定相続人に対する説明が可能な場合には、推定相続人に対し、同様の説明を行うことで、相談者の死亡後、相続人に契約関係の引継ぎを円滑に行うことができたり、債務を負担することになる相続人からのクレームを回避できたりします。

【参考書式5】　死後事務委任契約書条項例（電気、ガス、水道等の利用契約及び携帯電話、インターネット等の通信契約の解約及び精算に関する事項）

> （電気、ガス、水道等の利用契約及び携帯電話、インターネット等の通信契約の解約及び精算に関する事項）
> 第○条　甲は、乙に対し、甲が契約者である電気、ガス、水道等の利用契約及び携帯電話、インターネット等の通信契約の解約及びこれらの利用料金の精算に関する手続を委任する。
> 2　甲は、乙に対し、電気、ガス、水道等の利用契約及び携帯電話、インターネット等の通信契約の内容を特定するに足りる資料を提示ないし提供するものとし、これらの契約の内容に変更があったときは、速やかに、変更後の内容を特定するに足りる資料を提示ないし提供するものとする。
> 3　乙が受任者として第1項に定める手続を履行したにもかかわらず、契約の相手方が手続に応じない場合は、甲は、乙が利用料金の滞納を原因とする契約解除の方法によって契約を終了させる可能性があること及び乙がこれにより生じた一切の損害を賠償する責任を負わないことをあらかじめ承諾するものとする。

第6　デジタル遺品に関する事務処理

＜フローチャート〜デジタル遺品に関する事務処理＞

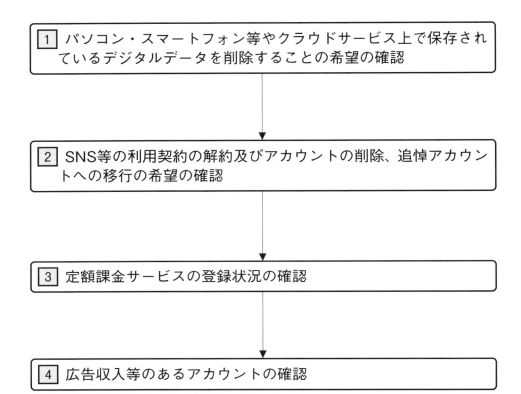

1 パソコン・スマートフォン等やクラウドサービス上で保存されているデジタルデータを削除することの希望の確認

(1) デジタル遺品

　デジタル遺品とは、法律上の定義があるわけではありませんが、インターネット上のアカウントやデジタルデータ、オフラインでのパソコン、スマートフォン、タブレット、携帯電話、USBメモリ等の記憶媒体に保存されたデジタルデータ等が想定されます。例えば、SNS（Social Networking Service）やEメール、クラウドサービス上のアカウントやデジタルデータ、ブログ、動画共有サイト、アフィリエイト（成果報酬型インターネット広告）のアカウント等があります。

　死後事務委任契約の受任者は、相談者がこれらのデジタル遺品を保有しているかどうかを確認し、その上で、デジタル遺品の対象を把握することが必要となります。

　デジタル遺品については、有償・無償を問わず、様々なものが存在するため、死後事務委任契約の受任者は、それぞれのサービスや特徴に応じ、相談者が自らの死亡後にデジタル遺品をどのように処理してほしいと考えているかについての希望を聴取することになります。

　これらのデジタル遺品をそのままにしておくとインターネット上にアカウントやデジタルデータが残り続けてしまうことがあるため、相談者が死亡後にアカウントやデジタルデータの削除を希望している場合には、アカウントやデジタルデータの削除を行うことを死後事務委任契約に定めておくことになります。

　もっとも、インターネット上のデジタル遺品については、サービス提供事業者の利用規約等の内容によって、アカウント相続の可否や、デジタルデータの引継ぎ・削除の可否等が異なってくることになります。

　そのため、デジタル遺品の対象となるサービスを特定し、死後事務委任契約に基づいて、アカウントやデジタルデータの削除を含むサービス自体の解約手続を行うのか、相続人によるアカウントの相続やデジタルデータの引継ぎをするのか、死後事務委任契約に基づかないで、相談者の生前にアカウントやデジタルデータの削除を含むサービス自体の解約手続を行うのか、長期間使用しないアカウントを自動的に無効化するツールを使用するのか等をあらかじめ検討しておくことになります。

(2) パソコン・スマートフォン等やクラウドサービス上で保存されているデジタルデータの削除

　パソコン・スマートフォン等やクラウドサービス上で保存されているデジタルデー

タについては、①相談者が所有している有体物であるデジタル機器に記録されているデジタルデータと、②クラウドサービス上で保存されているデジタルデータが存在します。

死後事務委任契約の受任者としては、削除したいデジタルデータがどこに記録・保存されているかを把握し、それぞれのデジタルデータを削除することについての相談者の希望の確認とそれを削除する方法を検討していきます。

◆有体物であるデジタル機器に記録されているデジタルデータ

相談者が所有しているパソコン、スマートフォン、タブレット、携帯電話、USBメモリ、SDカード、外付けHDD、デジタルカメラ、ビデオカメラ等の有体物であるデジタル機器に記録されているデジタルデータについては、相談者が死亡したときには、有体物自体が所有権の客体となり、有体物自体の相続に付随してこれに記録されているデジタルデータも事実上相続人が引き継ぐことになります。

なお、デジタル機器内のデジタルデータのうち、独立して権利の客体となる著作権等の知的財産権によって保護されているデジタルデータや、事業者との利用規約等によって第三者による利用が制限されているデジタルデータについては、別途、承継の可否について検討が必要となります。

相続人にデジタルデータを削除してもらうことが可能であれば、有体物自体の所有権を引き継いだ相続人の処分に委ねることもできます。また、遺言の付言事項に相談者の希望を書いてもらったり、負担付の遺言又は負担付の遺産分割方法の指定を行ったりすることで、相続人にデジタルデータを削除してもらうことが検討できます。

一方で、相続人の処分に不安がある場合や、相続人に知られたくないプライバシーに関わる情報がデジタルデータに含まれている場合には、死後事務委任契約に基づいてデジタルデータの削除の段取りをしておくことになるでしょう。

有体物であるデジタル機器に記録されているデジタルデータについては、電磁的削除を行う方法と物理的破壊を行う方法があります。

電磁的削除については、パソコン・スマートフォン等において削除やフォーマット（初期化）を行っただけでは、復元ソフトを利用するなどしてデジタルデータの復元が可能であるため、電磁的削除を行う場合には、データ抹消ソフトを利用したり、専門業者を利用したりすることで完全消去ができるようにしておくとよいでしょう。パソコン・スマートフォン等はログイン時にパスワード等が必要となることがあるため、ログインのために必要な情報を整理して残しておくことになります。

また、物理的破壊については、デジタル機器の記憶装置を破壊するなどして復元を

回避することが考えられます。秘匿性が高いデジタルデータがある場合には、専門業者において物理的破壊を行うことを検討することになるでしょう。

◆クラウドサービス上で保存されているデジタルデータ

現在は、クラウドサービス上でデジタルデータの保存をしていることが多々あります。

有体物であるデジタル機器に記録されているデジタルデータを削除したと思っていても、クラウドサービス上でデジタルデータが自動的にバックアップされていることがあります。このような場合には、相談者が使用しているクラウドサービス提供事業者の提供するサービスを事前に把握した上で、ID・パスワード・二段階認証等のログイン方法（ログインID及びパスワード等のアクセス情報）について確認し、クラウドサービス上で保存されているデジタルデータの削除等を行うことになります。

この点、相談者のログインID及びパスワード等のアクセス情報を確認するという対応が、不正アクセス行為の禁止等に関する法律3条及び5条での不正アクセスに該当するかが問題となり得ます。しかし、相談者の依頼に基づいてログインID及びパスワード等のアクセス情報を取得した上で、クラウドサービス上で保存されているデジタルデータの削除等を行っており、これは正当な理由に基づくアクセスであるといえるため、不正アクセスには該当しないと考えられます。

もっとも、後にクラウドサービス提供事業者や相続人等から不正アクセスであったなどの指摘を受ける可能性があるため、死後事務委任契約を締結する際に、具体的なクラウドサービス提供事業者の提供するサービスの特定や、当該契約に基づいてログインID及びパスワード等のアクセス情報を受任者に提供すること、これを利用して受任者がクラウドサービス上で保存されているデジタルデータの削除等を行うことを具体的に定めておくことが望ましいでしょう。

2 SNS等の利用契約の解約及びアカウントの削除、追悼アカウントへの移行の希望の確認

（1） SNS等の利用契約の解約及びアカウントの削除　■■■■■■■■

SNSとは、Social Networking Serviceの略称で、広義には、社会的ネットワークをインターネット上で構築するサービス全般を指しますが、狭義には、登録された利用者

同士が交流できるWEBサイトの会員制サービスが想定されます。
　例えば、Facebook、X（Twitter）、Instagram、TikTok、LINE、mixi、LinkedIn等が挙げられるでしょう。
　なお、SNS以外にもブログ、YouTubeやニコニコ動画等の動画共有サイト、メッセージングアプリ等を含め、インターネットを利用して誰でも手軽に情報を発信し、相互のやり取りができる双方向のメディアとしてソーシャルメディアと呼称されることもあります。
　ソーシャルメディアの利用者数は年々増加しているため、相談者がSNS等（SNSをはじめとするブログ等インターネット上で提供されているサービスを含みます。以下同じ。）のアカウントを保有しているケースも多いでしょう。
　SNS等については、特に手続をしなければ、インターネット上でデジタルデータが公開され続けてしまう可能性や、アカウントを悪用されたり、乗っ取られたりするリスクが存在します。
　また、SNS等において日記のように日々の出来事を記載している場合には、相談者がSNS等の内容を相続人に閲覧されることに抵抗があるケースもあり得ます。
　そのため、死後事務委任契約の受任者は、相談者がSNS等のアカウントを保有しているかを確認し、相談者が死亡した後に、SNS等の利用契約の解約及びアカウントの削除をしてほしい旨の希望があるかを確認することが必要です。
　もっとも、SNS等のアカウントについては、サービス提供事業者の利用規約等の内容によって、死亡後のアカウントの取扱いやアカウント削除の際の手続、アカウントの譲渡や相続の可否及びその届出方法（必要書類を含みます。）が異なり、任意の代理人に解約の権限がないこともあります。
　SNS等のサービス提供事業者の多くは海外法人であるために、英語で書かれていない文書や証明書については、専門の翻訳者による英訳の添付が求められる可能性もあります。
　そのため、相談者の死亡後に、サービス提供事業者のヘルプセンター等で相談者の死亡に関する手続をすることができるかを確認しておく必要があります。
　任意の代理人に解約の権限がないとされる場合には、事前に相談者からSNS等のログインID及びパスワード等のアクセス情報を聴き取り、相談者の死亡後に受任者が自らログインして解約手続を行うことができるよう準備しておくべきでしょう。
　ログインに際して、ログインID及びパスワードの入力以外に、二段階認証としてアプリの利用や、メールアドレス、携帯電話のショートメールサービス（SMS）にセキュリティコードを送信する形での追加認証を求められる可能性もありますので、追加認証としてスマートフォンアプリや携帯電話番号による認証が必要である場合には、

スマートフォン等の解約時期についても注意を払うことが必要となるでしょう。
　なお、相談者のログインID及びパスワード等のアクセス情報を確認するという対応が、不正アクセス行為の禁止等に関する法律3条及び5条での不正アクセスに該当し得るかについても、相談者の依頼に基づいてログインID及びパスワード等のアクセス情報を取得した上でSNS等のアカウントの削除等を行うことになりますので、正当な理由に基づくアクセスであるとして、不正アクセスには該当しないと考えられます。

（2）　追悼アカウントへの移行の希望の確認

　SNS等のアカウントについては、利用規約等においてアカウント自体の譲渡や相続を禁止されていることが一般的であり、アカウント自体は一身専属的な性質のものであることが多いでしょう。
　したがって、相談者がSNS等のアカウントについて死後事務委任契約において譲渡を希望したとしても、利用規約等ではアカウントの譲渡ができないことが多く、アカウントの削除をせず、引き続きアカウントの管理をしてほしい場合には対応できないことがあります。
　そこで、FacebookやInstagram等の一部のサービス提供事業者は、「利用者が亡くなった後に友人や家族が集い、その人の思い出をシェアするための場所」として、追悼アカウントという仕組みを用意しています。
　相談者が、生前のアカウントを残し、投稿・画像を確認できるようにしておきたいとの希望があるかを確認し、死後事務委任契約において、アカウントの管理や削除について規定しておくとよいでしょう。
　追悼アカウントが利用できるSNS等のアカウントについて、相談者が生前に友人のアカウントを追悼アカウント管理人に指定しておくことで、追悼メインプロフィール等の管理を任せるか、アカウントを完全に削除するか等の設定ができることになります。
　なお、生前に追悼アカウント管理人が指定されていなくても、相続人からのリクエストによってアカウントを追悼アカウント管理人に変更することは可能であるとされています。

（3）　SNS等のアカウントの削除が困難である場合

　SNS等のアカウントの削除について、死後事務委任契約で定め、受任者がサービス提供事業者に対して削除のリクエストの手続を行う場合やログインID及びパスワー

ド等のアクセス情報を取得している場合であっても、SNS等のアカウントの削除が必ずしも実現できるとは限りません。

ログインID及びパスワード以外の認証として、指紋認証、顔認証等の生体認証がログイン時に必要となったときには、相談者が死亡していると認証自体が事実上不可能となり、削除できないこともあり得ます。

また、SNS等のインターネット上のサービスでは、実名以外の名前で登録できる場合があり、サービス提供事業者のアカウントとして把握されている氏名等の情報と除籍謄本や死亡診断書等の公的記録における氏名等の情報が一致しないために、必要書類が揃わず、サービス提供事業者における死亡時の手続が進められなくなることもあり得ます。

したがって、死後事務委任契約においては、相談者が死亡した後に相談者が保有するSNS等の利用契約の解約及びアカウントの削除ができないケースが存在することを想定して死後事務委任契約の内容に盛り込み、相談者に対しても説明をしておくことが望ましいでしょう。

3 定額課金サービスの登録状況の確認

(1) 定額課金サービスの登録状況の確認

定額課金サービスは、従来のダウンロードごとに課金されるダウンロード課金とは異なり、月額又は年額で利用料金を支払う（課金される）ことで、見放題・使い放題で利用できる定額制（サブスクリプション）サービスのことをいいます。

例えば、動画・音楽のストリーミングサービスや定額制のクラウドサービス、SNS等が存在します。

契約者が死亡した場合であっても、定額課金サービスについては、そのほとんどが自動更新であることが多く、契約解除等の手続を行わない限り、利用料金が請求され続けることになるでしょう。

しかし、定額課金サービスの多くはインターネット上での契約であるため、郵便物が送付されていないことが多く、遺品整理をしていても定額課金サービスを利用していたことを把握するのは困難なケースも多いでしょう。

インターネット上のブックマークや、利用の履歴、Eメール等を手掛かりとして、定額課金サービスの利用を探知することになります。

預貯金口座からの引き落としやクレジットカードの利用の履歴等からも利用料金が請求され続けていることが判明することもあるでしょう。

定額課金サービスの利用契約の有無を一括で把握する方法はないため、死亡後に備えて生前から定額課金サービスの登録状況を整理し、把握しておくことが大切です。

生前に定額課金サービスの利用契約の数を減らしておく、死亡後に解約を要する定額課金サービスをリストアップしておくことが大切であるといえます。

（2） 相続人による解約手続

定額課金サービスの解約手続については、各サービスの利用規約等によって手続及び解約権者が異なることになります。

相談者に相続人がいる場合には、相談者が相続人に対して定額課金サービスを利用している旨を告げておき、相続人によって定額課金サービスの解約を申し入れるという方法があるでしょう。

死亡後に解約する定額課金サービスをリストアップしておき、相続人による解約の申入れが期待できる場合には、死後事務委任契約ではなく、相続人に手続を委ねることが適切である場合もあるでしょう。

（3） 代理人による解約手続

相談者に相続人がいない場合には、定額課金サービスの解約の申入れを期待することができない状況にあります。このような場合には、死後事務委任契約における受任者が解約手続を行うことがあり得ます。

しかし、定額課金サービスの利用規約等では、解約権者が限定されている場合も多いため、利用者が任意に定める代理人が解約権者に該当しないとして、死後事務委任契約における受任者が解約手続を行う旨を定めていても、受任者では解約手続に応じてもらえない可能性があります。

解約手続を委任事務として定める場合には、受任者の立場では解約手続に応じてもらえない可能性があること、利用料金を滞納することでサービス提供事業者からの解約の申入れを待つことになる可能性があること、解約手続が完了するまで利用料金を負担せざるを得ないこと等を相談者に説明しておくことが好ましいでしょう。

任意の代理人に解約の権限がないとされる場合には、事前に相談者から定額課金サービスのログインID及びパスワード等のアクセス情報を聴き取り、相談者の死亡後に

受任者が自らログインして解約手続を行うことができるよう準備しておく必要があります。

ログインに際して、ログインID及びパスワードの入力以外に、二段階認証としてアプリの利用や、メールアドレス、携帯電話のショートメールサービス（SMS）にセキュリティコードを送信する形での追加認証を求められる可能性もありますので、追加認証としてスマートフォンアプリや携帯電話番号による認証が必要である場合には、スマートフォン等の解約時期についても注意を払うことが必要となるでしょう。

なお、従前の説明と同様に、相談者のログインID及びパスワード等のアクセス情報を確認するという対応は、相談者の依頼に基づいてログインID及びパスワード等のアクセス情報を取得した上で定額課金サービスの解約手続を行うことになりますので、正当な理由に基づくアクセスであるとして、不正アクセスには該当しないと考えられます。

4 広告収入等のあるアカウントの確認

（1） 広告収入等のあるアカウント

アカウントにおいて広告収入等が発生している場合としては、YouTube等の動画共有サイトやSNS等で収益を得ている場合、アフィリエイト（成功報酬型広告）を設定している場合、フリーマーケットアプリケーション等で収益を得ている場合があります。

今後もインターネットビジネスの発展によって、様々なサービスが展開されることが想定され、相談者が広告収入等の収益性のあるアカウントを保有しているケースもあるでしょう。

YouTube等の動画共有サイトやSNS等では、各サービス提供事業者が定めた条件（フォロワー数や再生回数等の条件）を満たしたアカウントで収益を得ていることがあります。

収益化できたアカウントでは、コンテンツがアップロードされると閲覧回数やインプレッション回数等に応じた報酬が得られたり、チャンネルメンバーシップ等の月会費等に応じて報酬が得られたりします。

また、アフィリエイト（成功報酬型広告）では、ブログやウェブサイトに広告主のウェブサイトへのリンクを貼り、リンクからの購入等によって報酬が得られる仕組み

となっていることがあります。フリーマーケットアプリケーション等を利用している場合にも過去の取引によって得られた収益がアカウント内に残されていることもあるでしょう。

このような広告収入等が発生するアカウントがある場合には、アカウントの所有者が死亡していたとしてもコンテンツの提供が続けられ、継続的に報酬が発生することがあります。

一方で、報酬を受け取るために設定していた預貯金口座は、相談者の死亡を報告すると凍結されてしまうため、死亡後にこのような報酬を受け取ることが困難となります。

したがって、広告収入等のあるアカウントが存在するかを把握して整理し、収益をどのように取り扱うかについて検討しておく必要があります。

（2） 広告収入等のあるアカウントの相続性

一般に、YouTube等の動画共有サイトやSNS等において広告収入等のあるアカウントを相続できるかどうかは、利用規約等の定めに従って判断されることになりますが、アカウント自体の相続を認める規定がない場合には、広告収入等のあるアカウントを相続することができない可能性があります。

一方で、広告収入等のあるアカウントについては、アップロードされていたコンテンツに著作権が認められ、相談者が死亡した時にその権利を有していた場合には、著作権が相続の対象となります。なお、相談者がマネジメント会社や事務所等に所属し、コンテンツの著作権を第三者に譲渡する旨の契約を締結している場合や利用規約等によって著作権の譲渡が定められている場合には、コンテンツの著作者自身には著作権が帰属せず、相続の対象とはならないこともありますので、注意が必要です。

また、広告収入等が発生していた場合には、報酬について相続の対象となることが想定されるでしょう。フリーマーケットアプリケーションにてアカウント名義人が保有していた売上高・残高等についても財産的価値があるものとして相続の対象となることが想定されます。

デジタル遺品として財産的価値を有する著作物やアカウントからの報酬が存在する場合には、サービス提供事業者の利用規約等の定めに応じて、これらが相続の対象となるか、相続の対象となる場合の報酬の受領の方法を確認しておく必要があるでしょう。

いかなる手続によってアカウントからの報酬を受領することができるかについて

は、サービス提供事業者のヘルプセンターでの確認を行うとよいでしょう。
　相続人等が相談者自身からログインID及びパスワード等のアクセス情報を教えられており、振込先の変更の許諾が得られていた場合には、報酬を事実上受け取ることができる場合もあります。

（3）　死後事務委任契約での対応

　相談者に相続人がいない場合、相談者が死亡後にYouTube等の動画共有サイトやSNS等の内容を相続人等に閲覧されることに抵抗がある場合には、相談者が死後事務委任契約における受任者に広告収入等のあるアカウントの削除を依頼することがあり得るでしょう。
　YouTube等の動画共有サイトやSNS等のアカウントの削除・報酬の受領については、前記3(3)において説明したとおり、利用規約等の内容に応じて削除を行う方法や相談者の依頼に基づいてログインID及びパスワード等のアクセス情報を取得した上で正当な理由に基づくアクセスであるとして削除・報酬の受領を行う方法が考えられます。
　もっとも、広告収入等の財産的価値があるアカウントである場合には、死後事務委任契約において報酬の受領をせずに削除をすると問題になるケースも考えられます。
　また、報酬の受領については、受領権限を明確に規定しておくことが望ましいでしょう。報酬については、「被相続人の財産に属した一切の権利義務」として相続の対象となるため（民896本文）、取扱いに注意が必要となります。遺言によって遺産をどのように取り扱うかが定められている場合には、特定の相続人や受遺者への引渡しと死後事務委任契約の内容が抵触している可能性もあります。遺言と死後事務委任契約が抵触する場合には、死後事務委任契約が効力を有しない場合がありますので、注意する必要があるでしょう。
　また、相続人がいない場合でも、相続財産として財産的価値が高額となる場合には、相続財産清算人への引継ぎを検討することが必要となるでしょう。
　広告収入等のアカウントについて死後事務委任契約を締結する場合には、財産的価値のある相続財産の処理が委任事務に含まれる可能性があるため、サービス提供事業者の利用規約等の内容のみならず、遺言の有無や相続人等との関係についても留意することが大切であるといえるでしょう。

【参考書式６】　デジタル遺品目録

デジタル遺品目録

1　SNS等のWEBサービス

SNS	サービス名称	○○○○
	URL	https://www.○○○○
	アクセス情報 　ログインID 　パスワード	 ○○○○ ○○○○○○○○
	登録メールアドレス	○○○○@○○○.○○.○○
	サービス提供事業者名 連絡先	○○○○ 　（○○－○○○○－○○○○）
	希望の処理方法	削除
	利用料金の有無及びその金額等	なし
ブログ	サービス名称	
	URL	
	アクセス情報 　ログインID 　パスワード	
	登録メールアドレス	
	サービス提供事業者名 連絡先	（　　　　　　　　　）
	希望の処理方法	
	利用料金の有無及びその金額等	
定額課金サービス	サービス名称	
	URL	
	アクセス情報 　ログインID 　パスワード	
	登録メールアドレス	

	サービス提供事業者名 連絡先	（　　　　　　　　　　　）
	希望の処理方法	
	利用料金の有無及びその金額等	
広告収入等のあるアカウント	サービス名称	
	URL	
	アクセス情報 　ログインID 　パスワード	
	登録メールアドレス	
	サービス提供事業者名 連絡先	（　　　　　　　　　　　）
	希望の処理方法	
	備考：広告収入等の入金先等	
その他WEBサービス	サービス名称	
	URL	
	アクセス情報 　ログインID 　パスワード	
	登録メールアドレス	
	サービス提供事業者名 連絡先	（　　　　　　　　　　　）
	希望の処理方法	
	備考	
その他WEBサービス	サービス名称	
	URL	
	アクセス情報	

第2章　死後事務についての希望等の確認　　　　　　　　　　85

	ログインID パスワード	
	登録メールアドレス	
	サービス提供事業者名 連絡先	（　　　　　　　　　　）
	希望の処理方法	
	備考	

2　デジタル機器

パソコン タブレット	名称・機種名	
	アクセス情報 　（ログインID、パスワード、メールアドレス等）	
	処理方法	
	保管場所	
スマートフォン 携帯電話	名称・機種名 電話番号	Android・○○○○ ○○○－○○○○－○○○○
	アクセス情報 　（ログインID、パスワード、メールアドレス等）	○○○○ ○○○○○○○○ ○○○○○@○○○.○○.○○
	処理方法	廃棄
	保管場所	自宅
記憶媒体 　（USBメモリ、SDカード、外付けHDD）	名称・機種名	
	データ内容 アクセス情報	
	処理方法	

	保管場所	
その他 　デジタルカメラ 　ビデオカメラ	名称・機種名	
	データ内容 アクセス情報	
	処理方法	
	保管場所	

第7 ペットに関する事務処理

<フローチャート～ペットに関する事務処理>

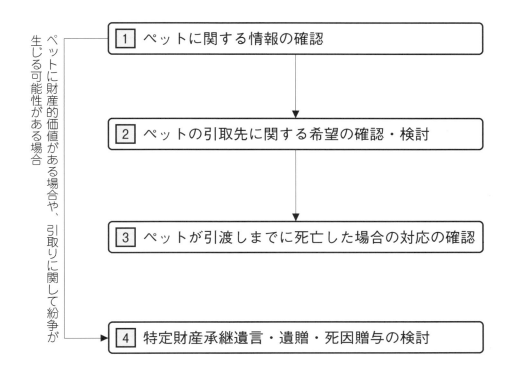

1 ペットに関する情報の確認

　ペットに関する条項を死後事務委任契約に盛り込むためには、まず、相談者から、ペットに関する情報を正確に聴き取る必要があります。具体的には、ペットの名前や年齢（生年月日）等の基礎的な情報に加えて、予防接種証明書の有無、犬又は猫に係る登録証明書の有無等を確認することになります。また、ペットに財産的価値があるか、ペットの引取希望者がいるかを聴き取ることも、相談者の死亡後に紛争を生じさせないためには必要です。

（1） ペットの名前や年齢等の把握

　相談者から、ペットの名前や年齢（生年月日）、種類、毛色、性別を聴き取ります。相談者がペットを複数飼育している場合もありますので、ペットの写真を撮影しておくなどの工夫をしておくとよいでしょう。
　また、ペットの病歴や入通院の状況等についても確認しておくとよいでしょう。ペットが日頃受診している動物病院があれば、動物病院の名称や連絡先を確認し、診察券等のコピーを預かっておくことも有用です。さらに、ペットの性格や飼育上注意すべき事項等についても聴き取っておくと、ペットの引取りが円滑に進む場合があります。
　ペットは、相談者が家族と同様に大切にしている存在ですので、可能な範囲で、相談者の気持ちに寄り添いながら、聴き取りを進めましょう。

（2） ペットの予防接種証明書の確認

　ペットの引取りに当たっては、予防接種証明書を求められることが多くありますので、当該証明書の有無及び内容を確認する必要があります。
　特に、狂犬病に関しては、91日齢以上の犬の所有者は、その犬を所有してから30日内に、犬の所在する市町村長（特別区にあっては、区長）に犬の登録申請をし、鑑札の交付を受けるとともに、狂犬病の予防注射を毎年1回犬に受けさせ、注射済票の交付を受ける必要があります。また、交付された鑑札と注射済票は、必ず犬に付けなければなりません（狂犬病4・5）。

そのため、ペットが犬である場合は、対象となる犬に鑑札が付されているかを確認し、登録番号等を記録しましょう。また、注射済票が付されているかについても確認し、狂犬病の予防注射が済んでいるか否かを確認しましょう。

相談者に対しては、今後、予防接種を受けた場合には、予防接種証明書を保存しておくようアドバイスし、当該証明書の保管場所を決めるなど、円滑に引き継ぐことができるようにしておきましょう。

(3) 犬又は猫に係る登録証明書の確認

◆マイクロチップの装着・情報登録制度

犬猫等販売業者には、取得した犬猫に対するマイクロチップの装着及び情報登録が義務付けられており（動物愛護39の2①・39の5）、犬又は猫の所有者にも、所有する犬又は猫に対し、マイクロチップを装着するよう努める義務があります（動物愛護39の2②）。登録を受けた犬又は猫の譲渡しである場合は、当該犬又は猫に係る登録証明書とともにしなければならず（動物愛護39の5⑨）、登録を受けた犬又は猫を登録証明書とともに譲り受けた場合には、譲受人は、変更を登録しなければなりません（動物愛護39の6）。

なお、前記のとおり、生後91日齢以上の犬については、狂犬病予防法に基づく登録が義務付けられていますが、犬の所在地を管轄する市区町村が「狂犬病予防法の特例」制度に参加していれば、生後91日齢以上の犬が情報登録を受けた際に、指定登録機関からその市区町村に、登録された犬の情報や所有者の情報が通知されます。その通知が狂犬病予防法に基づく登録の申請等とみなされ、装着されたマイクロチップは狂犬病予防法に基づく鑑札とみなされます。

犬や猫の所有者のマイクロチップ装着・情報登録の流れ（販売ルート）

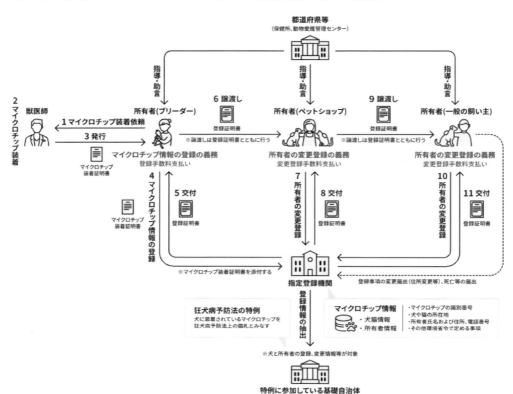

（出典：環境省「犬と猫のマイクロチップ情報登録」（https://reg.mc.env.go.jp/（2024.09.13）））

◆マイクロチップ情報の登録証明書

　犬又は猫について、情報登録を行うと、指定登録機関から登録証明書の発行を受けることができ、また、犬又は猫の譲受けに際して、所有者の変更登録を行うと、新しい暗証記号が付された登録証明書の交付を受けることができます。

　ペットが犬又は猫の場合には、マイクロチップの装着及び情報登録の有無を確認する必要がありますので、まずは、相談者がマイクロチップ情報の登録証明書を保管しているか確認しましょう。なお、相談者がペットの当該登録証明書を紛失している場合には、再交付を受けることが可能ですので、当該登録証明書の再交付を受けてもらうようにしましょう。

（４）　ペットの財産的価値の把握、引取希望者の有無の確認

　死後事務委任契約において、ペットの引取りを委任される相談者の多くは、ペット

を家族同然のかけがえのない存在と考えており、ペットを財産的価値の有無で判断することに違和感を持たれるかもしれません。しかし、ペットが財産的価値を有する場合には、相談者の死亡後、紛争に発展する可能性があります。紛争を未然に防止するために、特定財産承継遺言や遺贈、死因贈与を検討する必要があります。そして、ペットの財産的価値を把握するためには、ペットの種類（希少性が高い種類か否か等）や血統、受賞歴等を聴き取ることになります。

また、ペットの引取希望者が複数いる場合にも、相談者の死亡後、紛争に発展する可能性があります。紛争を未然に防止するために、特定財産承継遺言や遺贈、死因贈与を検討する必要があります。具体的には、引取希望者の氏名や連絡先、複数の引取希望者の中から引取先を決める場合には、その理由等を丁寧に聴き取りましょう。

ケーススタディ

Q 相談者Aから、現在飼育している犬の引取りについて死後事務委任契約に盛り込みたいが、もし、現在飼育している犬が死亡した場合には、新たな犬を飼育するかもしれず、また、現在飼育している犬に加えて、新たな犬を飼育する可能性もあると言われました。「Aが死亡した時点において飼育しているペットの全て」を対象にして、死後事務委任契約を締結することは可能でしょうか。

A 法律上は、「Aが死亡した時点において飼育しているペットの全て」を対象として、当該ペットの引取り等を内容とする死後事務委任契約を締結することは可能です。

もっとも、ペットが特定されていない場合には、ペットの引取先を選定する際に支障が生じることがあります。ペットの種類や頭数等によって、引取りに当たり必要となる飼育料が異なりますし、ペットの頭数が増える場合には、引取先を複数選定する必要がある可能性もあるからです。また、ペットの財産的価値や引取希望者の有無も、ペットごとに異なります。さらに、ペットの種類や頭数等によっては、死後事務委任契約の受任者の報酬にも影響を与える可能性があります。

そのため、死後事務委任契約の締結時点においては、現在飼育しているペットに関する引取り等について定めることとし、その後、仮に、相談者の飼育するペットに変動があった場合には、相談者から新たなペットの情報を確認して、死後事務委任契約の内容を一部変更する取扱いとすることをお勧めします。

2　ペットの引取先に関する希望の確認・検討

　相談者が死亡した後もペットが幸せに暮らしていくことを望む場合、相談者にとって、ペットの引取先は、最も関心が高い重要な事項です。相談者の死亡後、適切な引取先により速やかにペットの引取りが行われるよう、引取先を確保しておくことが必要です。
　相談者から引取先の希望について聴取した上で、引取先の信用性を検討し、引取条件等についても確認しておく必要があります。

(1)　引取先に関する希望の確認

　まずは、相談者から希望するペットの引取先があるかどうかについて聴き取りをしましょう。また、希望する引取先がある場合、当該引取先の氏名・名称、住所、電話番号等の連絡先、当該引取先において引取りを希望する理由等について丁寧にヒアリングしましょう。相談者が引取先を悩んでいる場合には、引取先の選定について相談に乗りましょう。
　ペットの引取りを希望している相続人等が存在するにもかかわらず、相談者が、当該相続人以外の引取先による引取りを希望している場合、当該相続人における引取りを希望しない理由についても聴いておきましょう。
　なお、引取先の例としては、相続人や友人、知人、終身で預け入れが可能なペットホテル、里親探しをしてくれる動物愛護団体等があります。都道府県等における引取りも可能ですが（ただし、終生飼養義務（動物愛護7④）の規定の趣旨に照らして引取りを求める相当の事由がない場合を除きます（動物愛護35①)。）、引取後に譲渡先が見つからない場合には、殺処分となることが多く、都道府県等への譲渡はできる限り回避すべきです。

(2)　引取先の信用性の検討

　相談者から引取先の希望を聴くなどして、引取先の候補が決まったら、当該引取先の信用性を検討する必要があります。
　引取先が相続人や友人、知人である場合には、相談者はその人柄等を含めて、当該

引取先に対して信用を有しているものといえますが、施設や団体の場合は、相談者自身も引取先と接触をしたことがない可能性がありますので、当該引取先が信用できるかどうかを可能な範囲で調査しましょう。なお、引取先が相続人や友人、知人である場合でも、それらの者が高齢である場合等には、引取先として再考を促すべき場合もあるでしょう。

（3）引取条件の確認

引取先に対し、引取条件（飼育料、引取り可能なペットの種類・年齢、相談者の死亡に関する連絡後引取りまでに必要な期間等）を確認しましょう。引取りに当たって必要となる飼育料等の費用については特に確認が必要です。相談者がそもそも飼育料等の費用を負担できるか判断する必要がありますし、引取先に対して支払うべき飼育料等の費用の支払を死後事務委任契約の内容とする場合には、相談者から生前に当該費用を預かっておくのが望ましく、預り金額を決定するためにも、飼育料等の費用の把握が必要だからです。

なお、飼育料等の費用については、相談者が、遺言により、引取先へ飼育料等相当額を遺贈する旨を定めておくなどの対応も考えられます。

また、ペットの引取りに当たっては、予防接種証明書を求められることがありますので、引取時にどのような書類が必要かも確認しておきましょう。

（4）引渡しまでの一時的な預け先の確保

ペットは生命ある存在であり、相談者の死亡後、引取先への引渡しまでに時間を要する場合には、一時的な預け先を確保しておく必要があります。相談者と協議し、預け先となるペットホテルの名称、所在地及び連絡先等の情報や一時的な預け先におけるペットの飼育状況の確認の有無及びその頻度等に関する条項を盛り込むかなどについて、検討しておくことが望ましいでしょう。

（5）引取先が引取りを拒否した場合に備えた対応

死後事務委任契約において、ペットの引取先を決定していた場合であっても、現実的には、引取先がペットの引取りを拒否することもあり得ます。相談者にも、その旨を説明し、そのような場合に備えて、引取先がペットの引取りを拒否した場合には、

受任者において、適宜の引取先を決定し、引渡しができる旨を定めておきましょう。受任者は、ペットの引取先を自由に決定できる権限を当然に有するわけではない点に注意が必要です。

> ケーススタディ

Q 相談者Aから、相続人Bをペットの引取先とすることを希望するが、相続人Bが引取りを拒否する可能性もあるため、死後事務委任契約においては、知人Cも引取先として挙げておきたいとの要望がありました。死後事務委任契約においては、どのような条項を定めておくとよいでしょうか。

A 本ケースでは、相続人Bを引取先とすることが相談者Aの第一の希望ですので、死後事務委任契約においては、まず、相続人Bを引取先とすることを定めましょう。その上で、相続人Bがペットの引取りを拒否した場合には、知人Cを引取先とする旨を予備的に定めておくのがよいでしょう。

なお、死後事務委任契約において、引取りの順位等を定めず、複数の引取先を併記することは避けるべきでしょう。相談者Aが死亡した場合に、いずれの引取先に引渡しをすればよいかが明確ではなく、混乱が生じるためです。

また、相談者Aが指定する引取先がいずれも引取りを拒否した場合に備えて、受任者において、適宜の引取先を決定し、引渡しができる旨を定めておくべきことは、前記のとおりです。

3　ペットが引渡しまでに死亡した場合の対応の確認

相談者の死亡後、引取先に対してペットを引き渡す前に、ペットが死亡する可能性もゼロではありません。そのような不測の事態が生じた場合、死後事務委任契約に定めがなければ、受任者においてペットの火葬等の対応をすることはできません。そのため、引渡し前にペットが死亡した場合、受任者において火葬等の対応をすることを希望するかどうかについて、あらかじめ相談者に確認しておく必要があります。

（1） ペットの死亡時に必要な対応

　ペットが死亡した場合には、火葬を行うことが一般的です。火葬に伴い、火葬業者への連絡、ペットの引渡し、火葬費用の支払が必要となります。

　また、ペットの死亡に伴い諸届出を行う必要があります。具体的には、ペットが犬の場合には、死亡してから30日以内に、市町村長へ届出をする必要があります（狂犬病4）。届出の際には、鑑札及び注射済票（届出当該年度のみ）を返却します。

　さらに、ペットが犬又は猫の場合で、マイクロチップの装着及び情報登録を行っている場合には、死亡後遅滞なく、環境大臣に対して死亡を届け出る必要があります（動物愛護39の8）。

（2） 相談者の意向の確認

　相談者の死亡後、引取先に対してペットを引き渡す前にペットが死亡した場合、受任者において前記(1)の対応を希望するかどうか相談者の意向を確認しましょう。

　相談者が、受任者において前記(1)の対応を希望する場合は、死後事務委任契約において、受任者に対し、ペットの火葬先を選定の上、ペットの火葬を当該火葬先に依頼し、ペットを引き渡すこと、ペットの死亡に伴う諸届出を行うこと及びペットの火葬に要する費用を支払うことを委任する旨を定めておく必要があります。

　また、相談者が希望する火葬先がある場合は、当該火葬先やその連絡先についても確認しておくことが必要です。

ケーススタディ

Q　相談者Aから、相談者Aの死亡後、引取先に対してペットを引き渡す前にペットが死亡してしまった場合、火葬の上、遺骨については、ペットの引取先として予定していた者に引き渡してほしい旨の相談を受けました。死後事務委任契約を締結する際に注意すべき点はありますか。

A　死後事務委任契約において、受任者に対し、ペットの火葬先を選定の上、ペットの火葬を当該火葬先に依頼し、ペットを引き渡すこと及びペットの火葬に要する費用を支払うことを委任する旨を定めておく必要があることは前記のとおりです。

　本ケースでは、相談者は、これに加えて、遺骨の引渡しについても希望してい

ますので、火葬後の遺骨を引取先に引き渡すことも死後事務委任契約の内容としておくべきです。

また、ペットの引取先が引取りを拒否する可能性があるのは遺骨の場合も同様ですので、引取先がペットの遺骨の引取りを拒否した場合、受任者において、適宜の引取先を決定し、引渡しができる旨も定めておきましょう。

4 特定財産承継遺言・遺贈・死因贈与の検討

ペットが財産的価値を有する場合には、相談者の死亡後、紛争に発展する可能性があります。また、ペットの引取希望者が複数いる場合にも、相談者の死亡後、紛争に発展する可能性があります。このような場合には、紛争を未然に防止するために、特定財産承継遺言や遺贈、死因贈与を検討する必要があります。

特定財産承継遺言とは、遺産に属する特定の財産を相続人の1人又は数人に承継させる旨の遺言のことをいいます（民1014）。特定財産承継遺言の相手は相続人に限定されます。相談者が特定の相続人にペットを相続させることを希望する場合は、特定財産承継遺言を検討することになります。

遺贈は、遺言により第三者に対して財産を無償で譲ることです。遺贈を受ける者を受遺者といい、受遺者となる者に条件はありません。相続人も受遺者になることはできますが、一般的に、相続人については、課税等の点から遺贈ではなく相続が選択されることがほとんどです。

死因贈与は、贈与者（財産を渡す者）と受贈者（財産を受け取る者）との間で、贈与者の死亡を効力の発生条件（停止条件）として、事前に指定した財産を受贈者に贈与する旨の契約を締結するものです。特定財産承継遺言及び遺贈は、遺言者の単独行為であるのに対し、死因贈与は、贈与者と受贈者との間の契約である点が異なります。

ペットが財産的価値を有する場合やペットの引取希望者が複数いる場合等、相談者の死亡後、紛争に発展する可能性がある場合には、特定財産承継遺言や遺贈、死因贈与を検討の上、遺言書や死因贈与契約書を作成し、相談者死亡後の権利関係を明確にしておくことが望ましいでしょう（【参考書式10】遺言書・死因贈与契約書条項例（ペットに関する事項）参照）。また、遺言や死因贈与契約の内容と、死後事務委任契約の内容とに矛盾が生じないようにする必要があります。

ケーススタディ

Q 相談者Aから、「私が死亡したら、現在飼育しているペットを知人Bに引き取ってもらいたいが、ペットは血統証明書付きで受賞歴も多数有しているため、相続人が引取りを主張する可能性がある。紛争を避けるために、知人Bに対して遺言でペットを遺贈したい。また、飼育に当たっては飼育料が必要であることから、知人Bに対し、ペットの飼育をすることを条件として預金の一部も遺贈したい。」旨の相談を受けました。相談者Aの意向に沿う遺言を作成することはできますか。

A 本ケースでは、負担付遺贈を検討することになります。負担付遺贈とは、遺言者が受遺者に対して財産を遺贈する代わりに、受遺者に一定の義務を負担してもらう遺贈のことをいいます。

ペットの遺贈に際しても、飼育する義務を負担させる負担付遺贈をすることが可能です。また、ペットと合わせて、預金を遺贈し、仮に、相談者の死亡前にペットが死亡していた場合には、当該遺贈は効力を生じない旨を定めることも可能です（【参考書式10】遺言書・死因贈与契約書条項例（ペットに関する事項）参照）。

【参考書式7】　ペットに関する確認事項一覧表

令和〇〇年〇〇月〇〇日作成

ペットに関する確認事項一覧表

①	ペットの名前	ポチ
②	年齢（生年月日）	〇歳（〇年〇月〇日生）
③	種類（品種）	ゴールデンレトリバー
④	毛色	ゴールド
⑤	性別	オス
⑥	①乃至⑤以外の特徴となるべき事項	
⑦	病歴・入通院歴	
⑧	受診している動物病院	名称（　　　　　　　　　　　） 住所（　　　　　　　　　　　） 電話番号（　　　　　　　　　） 診察券★　　　有　・　無
⑨	予防接種	予防接種　　　有　・　無 直近の接種年月日　（　　年　月　　日） 予防接種証明書★　有　・　無
⑩	（犬の場合） 狂犬病関係	登録番号（　　　　　　　　　　　） 鑑札※　　　　　有　・　無 狂犬病予防接種　有　・　無 直近の接種年月日　（　　年　月　　日） 注射済票※　　　有　・　無
⑪	（犬・猫の場合） マイクロチップの装着・情報登録関係	マイクロチップの装着・情報登録　有　・　無 【有の場合】 識別番号（　　　　　　　　　　　） 登録証明書★　　有　・　無 （注）登録証明書無の場合→再発行手続要
⑫	その他	

★の各書類がある場合は写しを提供してもらい保管しましょう。
※については犬に付されていますので、写真を撮影しておきましょう。また、ペットの写真も撮影しておきましょう。

【参考書式8】　登録証明書

様式第24（第21条の7第3項関係）

第　　　　　号

登録証明書

　動物の愛護及び管理に関する法律　<u>第39条の5第1項の登録</u>

第39条の6第1項の変更登録

をする。よってこの証明書を交付する。

環境大臣（指定登録機関）
登録日：令和〇〇年〇〇月〇〇日

1	登録を受けた犬又は猫に装着されているマイクロチップの識別番号	〇〇〇〇〇〇〇〇〇〇〇〇〇〇〇
2	暗証記号	〇〇〇〇〇〇〇〇〇〇
3	犬又は猫の別	☑犬　　　□猫
4	犬又は猫の品種	ゴールデンレトリバー
5	犬又は猫の毛色	ゴールド
6	犬又は猫の生年月日	〇年〇月〇日
7	犬又は猫に性別	☑雄（オス）　　□雌（メス）

備　考　この証明書の用紙の大きさは、日本産業規格Ａ4とすること。

（動物愛護則様式24）

【参考書式9】 死後事務委任契約書条項例(ペットに関する事項)

（ペットの引渡し等）
第○条　甲は、乙に対し、甲の死亡後、別紙（省略）に記載の甲所有のペット（以下「本件ペット」という。）の飼育を以下の引取先に依頼し、本件ペットを当該引取先に引き渡すことを委任する。
【引取先】
名　　称　○○
所在地　○○県○○市○○町○丁目○番○号
連絡先　○○－○○○○－○○○○
2　前項の引取先が本件ペットの飼育及び引取りを拒否した場合（ただし、引取先の飼育及び引取りに関する意思を確認できない場合を含む。）、乙は、引取先を別途選定の上、本件ペットの飼育を当該引取先に依頼し、本件ペットを当該引取先に引き渡すことができる。
3　乙は、第1項又は前項に基づく本件ペットの引渡しに時間を要する場合、引渡しまでの間、一時的な預かり先を選定の上、本件ペットを当該預かり先に預けることができる。
4　甲は、乙に対し、乙が第1項又は第2項の本件ペットの引取先及び前項に基づく一時的な預かり先に対して本件ペットの飼育に要する費用を支払うことを委任する。なお、乙は、第○条（受任者に対する費用等の預託）に定める預託金から当該費用を支払うことができる。
5　乙は、第1項又は第2項の引取先による本件ペットの飼育状況を、本件ペットの引渡し時から3年間、年○回の頻度で確認しなければならない。
6　甲は、乙に対し、甲の死亡後から本件ペットの引渡し時までの間に、本件ペットが死亡した場合、本件ペットの火葬先を選定の上、本件ペットの火葬を当該火葬先に依頼し、本件ペットを引き渡すこと、本件ペットの死亡に伴う諸届出を行うこと及び本件ペットの火葬に要する費用を支払うことを委任する。なお、乙は、第○条（受任者に対する費用等の預託）に定める預託金から当該費用を支払うことができる。

第2章　死後事務についての希望等の確認

【参考書式10】　遺言書・死因贈与契約書条項例（ペットに関する事項）

① 〔特定財産承継遺言の条項例〕

> 第○条　遺言者は、長女○○○○に対し、遺言者の下記の財産を相続させる。
> 　　　　　　　　　　　　　　　記
> 　　【犬】
> 　　　　種類　　　ゴールデンレトリーバー
> 　　　　性別　　　オス
> 　　　　名称　　　ポチ
> 　　　　毛色　　　ゴールド
> 　　　　生年月日　○年○月○日

② 〔遺贈の条項例〕

> 第○条　遺言者は、○○○○（生年月日、住所）に対し、遺言者の下記の財産を遺贈する。
> 　　　　　　　　　　　　　　　記
> 　　【犬】
> 　　　　種類　　　ゴールデンレトリーバー
> 　　　　性別　　　オス
> 　　　　名称　　　ポチ
> 　　　　毛色　　　ゴールド
> 　　　　生年月日　○年○月○日

③ 〔死因贈与の条項例〕

> 　贈与者○○○○（以下「甲」という。）と受贈者○○○○（以下「乙」という。）は、次のとおり死因贈与契約（以下「本件贈与契約」という。）を締結する。
> 第1条　甲は、乙に対し、下記の財産（以下「本件財産」という。）を贈与することを約し、乙はこれを受諾した。
> 　　　　　　　　　　　　　　　記
> 　　【犬】
> 　　　　種類　　　ゴールデンレトリーバー
> 　　　　性別　　　オス
> 　　　　名称　　　ポチ

```
    毛色    ゴールド
    生年月日  ○年○月○日
第2条 本件贈与契約は、甲の死亡を停止条件として効力が生じ、甲の死亡と同時に本
    件財産の権利は乙に移転する。
```

④ 〔負担付遺贈の条項例〕

```
第○条 遺言者は、○○○○（生年月日、住所）に対し、遺言者の下記(2)の財産を、
    下記(1)の犬（以下「愛犬ポチ」という。）を死亡するまで飼育することを負担と
    して遺贈する。
                    記
    (1) 犬
      種類    ゴールデンレトリーバー
      性別    オス
      名称    ポチ
      毛色    ゴールド
      生年月日  ○年○月○日
    (2) 預金
      ○○○○銀行
      ○○支店
      普通預金
      口座番号○○○○
      名義人○○○○
2 前項にかかわらず、愛犬ポチが遺言者より先に死亡した場合は、前項の遺贈は効力
    を生じないこととする。
```

　なお、承継の対象となるペットを特定できる情報を記載する必要がありますので、ペットが犬又は猫の場合で、マイクロチップの装着及び情報登録を行っている場合には、マイクロチップの識別番号等も明記しておくとよいでしょう。

第 3 章

契約の締結

第3章 契約の締結

＜フローチャート～死後事務委任契約の締結＞

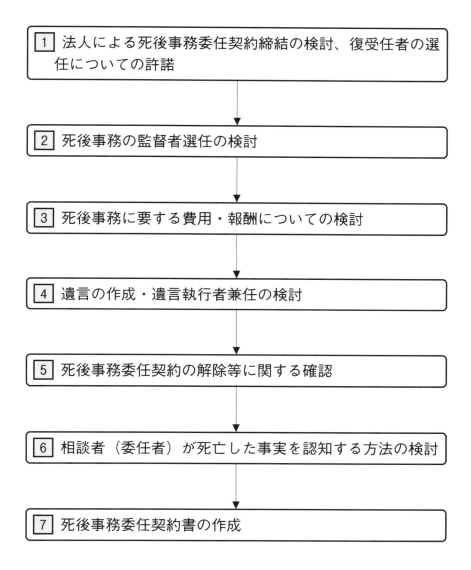

1 法人による死後事務委任契約締結の検討、復受任者の選任についての許諾

　死後事務委任契約で定められた委任事務を円滑に履行するために、死後事務委任契約を法人として受任することや、復受任者の選任についての許諾を得ておくことが考えられます。死後事務委任契約を締結するに当たっては、これらの点について相談者（委任者）の意向を聴き取ることになります。

（1）　法人（弁護士法人等）が受任者となることのメリット等の説明

　法人（弁護士法人等）が受任者となることのメリットを理解した上で、相談者（委任者）に対して十分な説明を行い、受任者に関する相談者（委任者）の意向を聴き取っていきます。

◆構成員の入れ替わりへの対応

　弁護士法人等の法人化されている組織では、通常、退職や死亡等によって法人の構成員が入れ替わることが予定されています。このとき、自然人が死後事務委任契約の受任者となっている場合、当該自然人が退職や死亡等すれば法人は当該契約の受任者でないため、その後の委任事務の履行に関与することができません。

　しかし、法人が死後事務委任契約の受任者となっていれば、委任事務の履行を担当していた法人の構成員が退職や死亡等した場合でも、法人はその後の委任事務の履行に関与することができます。

　このように、法人の構成員の入れ替わりに柔軟に対応するためには、法人が死後事務委任契約の受任者となることを検討すべきです。

◆委任事務の履行の合理性

　死後事務委任契約の委任事務は、通常、その内容や分量からして相応のマンパワーを投入することが要求されます。そのため、複数人で委任事務の履行をする方が合理的である場合が多いです。

　法人が死後事務委任契約の受任者となっていれば、法人の構成員それぞれが委任事務の履行をすることが可能となるため、委任事務の履行が円滑に行われるという意味で相談者（委任者）にもメリットがあります。

したがって、委任事務の履行の合理性を図るという観点からも、法人が死後事務委任契約の受任者となることを検討すべきです。

> ケーススタディ

Q 私は弁護士法人の代表社員弁護士（以下「代表弁護士」といいます。）ですが、この度、相談者（委任者）から死後事務委任契約の受任を依頼されました。なお、弁護士法人の構成員は私を含めた弁護士が3名と事務員が3名です。私は弁護士としての実務を他の弁護士や事務員に任せて、弁護士法人の経営に専念していきたいと考えています。

死後事務委任契約を受任するに当たり、どのような点に留意すべきでしょうか。

A 代表弁護士が自然人として死後事務委任契約を受任した場合、復受任者の選任が認められる場合を除き、代表弁護士自身が委任事務の履行を行わなければなりません。そのため、死後事務委任契約の履行を他の構成員に任せるためには、弁護士法人が受任者となるべきです。

このとき、委任事務の履行をするに際し、単純計算で代表弁護士以外の5名分のマンパワーを投入することができます。そうすると、代表弁護士が自然人として受任者となるよりも、より合理的に委任事務の履行を行うことができ、結果として相談者（委任者）の要望を十分にかなえることが可能となります。

なお、法人の構成員が各種手続を行う際に、自らが受任者であることを証明するものとして、法人の登記事項証明書の提出や法人の代表者印の押捺を求められることが一般的ですので、注意が必要です（押印廃止の動きもありますので、各種手続の相手先に問い合わせる必要があります。）。

（2） 復受任者選任の可能性がある場合の相談者（委任者）の許諾

万が一の場合等に備えて、死後事務委任契約の受任者以外の者が復受任者として、委任事務を履行できるようにするかどうか検討が必要です。

◆復受任者を選任することのメリット

死後事務委任契約の受任者が何らかの事情によって委任事務を履行することができない事態となった場合、当該契約は受任者の履行不能（民412の2）に陥ることになりま

す。しかし、それでは、相談者（委任者）が死後事務委任契約に込めた想いをかなえることができず、結局、相談者（委任者）の意向に沿わないことになってしまいます。

そこで、このようなことを回避するために、受任者としては復受任者を選任することが考えられます。復受任者を選任しておけば、万が一、受任者が委任事務を履行することができない事態となった場合であっても、復受任者において委任事務を履行できることから、履行不能に陥ることを回避できます。

このように、復受任者を選任することには、履行不能に陥ることを回避するというメリットがあります。

◆復受任者の選任の要件

民法上、①委任者の許諾を得たとき、②やむを得ない事由があるときに限り、復受任者の選任が許容されています（民644の2①）。そのため、復受任者の選任を当初から予定している場合や、復受任者の選任の可能性が少しでも存在する場合には、死後事務委任契約の締結時に、復受任者の選任について相談者（委任者）から許諾を得る旨の条項を設けておくべきです。

◆復受任者の地位

死後事務委任契約は、相談者（委任者）から受任者に対し、代理権を付与する形態をとるのが一般的です。そのため、民法644条の2第2項の適用を受ける結果、復受任者は、相談者（委任者）に対し、受任者と同一の義務を負うことになります。したがって、復受任者に義務違反があれば、復受任者は相談者（委任者）に対して直接責任を負うことになります。

他方、復受任者は受任者と同一の権利を有することにもなるため（民644の2②）、復受任者は相談者（委任者）に対して報酬の支払を請求することができると解されています。そのため、受任者と復受任者との間で報酬の分配等についてあらかじめ取り決めておくべきです。

2　死後事務の監督者選任の検討

死後事務委任契約は、相談者（委任者）が、受任者に対し、相談者（委任者）の死亡後の事務について委託することを内容とする契約ですが、こうした契約の性質上、

受任者が相談者（委任者）から委任を受けた死後事務を行う時点で相談者（委任者）は既に死亡しているため、相談者（委任者）自身が、受任者による死後事務の処理状況を確認することはできません。

（1） 相談者（委任者）が第三者による死後事務の処理状況の監督を希望している場合

相談者（委任者）自身は受任者による死後事務の処理状況を確認することはできませんが、相談者（委任者）としては、受任者の死後事務の処理状況を監督するため、第三者を監督者として選任することが考えられます。

相談者（委任者）が、第三者による死後事務の処理状況の監督を希望している場合には、死後事務委任契約においてその旨の定めを置くことを検討することになるでしょう。

（2） 監督の方法・内容の検討

◆監督者への報告義務

受任者の死後事務の処理状況を監督するための監督者を選任する場合、受任者に対し、監督者への定期的な報告義務を課すこととするのが一般的です。

報告義務を課す内容としては、
① 死後事務の履行の状況とその結果
② 死後事務の履行に要した費用の額及びその内訳
③ 報酬の額及びその収受の状況
④ 預託金の保管の状況及び精算の結果
⑤ 死後事務委任契約に基づいて保管している金銭、動産、証券等の有無及びその保管の状況

等が考えられます。

また、定期的な受任者からの報告義務に加え、必要に応じて、いつでも、監督者が受任者に対して報告を求めることができるようにしておくことも有用です。

◆特定の事務処理についての監督者の同意

さらに、特定の死後事務の処理に関し、監督者の同意を要することとしておくのも一案です。

（3） 監督者についての定め

　死後事務委任契約の締結時において、監督者を選任することが決定している場合には、受任者の監督者に対する報告義務等の内容に加え、監督者を誰にするか、監督者に対する報酬の有無及びその額についての定めを、死後事務委任契約に盛り込んでおくことが望ましいでしょう。

　死後事務委任契約において、監督者の指定及び監督者に対する報酬についての定めを設ける場合、死後事務委任契約は相談者（委任者）・受任者・監督者の3者間での契約とすることになります。

（4） 監督者の選任が望ましい場合

　死後事務委任契約の受任者が親族等である場合、受任者による適正な死後事務の処理がなされるかについて相談者（委任者）が不安に感じることもあると思われますし、受任者も、自らの行う死後事務の処理に問題がないか不安に思うことがあるかもしれません。

　そのような場合に、弁護士等の専門家を監督者として選任しておくことは、相談者（委任者）・受任者の双方にとって安心でしょう。受任者にとっては、死後事務の処理を進める過程で生じた法的な問題について監督者に相談し、助言を受けることも期待できます。

　死後事務委任契約における受任者が親族等で、弁護士等の専門家が監督者を担う形は、身近な親族等に死後事務を委任して機動性を確保しつつ、その適正な死後事務の処理も担保したいという要望に沿ったものということができます。

ケーススタディ

Q 死後事務委任契約の締結時には監督者がまだ決まっていない場合はどうすればよいでしょうか。

A 死後事務委任契約の締結時において、監督者が決定していれば、監督者の指定及び監督者に対する報酬についての定めを設け、死後事務委任契約は相談者（委任者）・受任者・監督者の3者間での契約とすることになります。

死後事務委任契約の締結時において、監督者を選任すること自体は決まっているものの、誰を監督者に指定するかが未定である場合には、「委任者は、本契約締結後、監督者となる者を指定し、これを遅滞なく受任者に報告する。なお、委任者が監督者を指定する前に死亡した場合には、受任者は監督者に対する報告義務を負わない。」等の条項を設けることになり、また、事後的に選任される監督者との権利義務（監督者の報酬を含みます。）については、相談者（委任者）と監督者の間で別途定めることになります。

　もっとも、契約書が複数になることによる紛失のリスクや法定相続人からの理解の得やすさ等の観点からは、監督者による監督を希望する場合には、死後事務委任契約の締結時において監督者を決定しておき、死後事務委任契約において監督者の指定及び監督者に対する報酬についての定めを設けることが望ましいというべきでしょう。

3　死後事務に要する費用・報酬についての検討

　死後事務は、相談者（委任者）が死亡した後に事務処理を行うことになりますが、死後事務の内容によっては、相談者（委任者）の死亡直後から迅速かつ的確に対応することが求められます。
　その一方で、死後事務を履行するためには様々な費用が生じます。そこで、死後事務を円滑に履行するために、相談者（委任者）と受任者との間で、死後事務に要する費用や死後事務の報酬について、あらかじめ検討し、取り決める必要があります。

（1）　死後事務に要する費用の見積り

　死後事務を履行するためには様々な費用が必要です。例えば、死後事務として、医療費、入院費や施設利用料等の支払の委任を受けた場合には、医療費、入院費や施設利用料等を支払わなければなりませんし、通夜・葬儀の実施に関する死後事務の委任を受けた場合には、通夜・葬儀費用を支払わなければなりません。また、受任者が死後事務を履行するためには交通費等の諸経費を要しますし、各種債務の支払の際には振込手数料も必要となります。
　死後事務に要する費用は相談者（委任者）が負担すべきものであるため（民649）、死

後事務に要する費用を確保できる見通しがなければ、死後事務を履行すること自体が困難となります。そのため、死後事務委任契約の締結に当たっては、事前に、死後事務の内容とそれに係る死後事務に要する費用の見積りを行う必要があります。

そして、この見積りは死後事務に要する費用のために相談者（委任者）から事前に現金を預かる場合には特に重要になります。

死後事務に要する費用の見積りは、死後事務の内容によって変わりますが、医療費、入院費や施設利用料等の支払、通夜・葬儀費用の支払、賃借物件の明渡しに伴う動産類の撤去・処分費用や原状回復に要する費用、その他交通費等が想定されます。もちろん多くの費用が、死亡時でなければ明確にならない場合が多いため見積金額と実際の死後事務に要する費用との間にそごが生じることは十分にあり得ます。そのことも相談者（委任者）に理解してもらった上で見積りを提示するようにしましょう。

（2） 死後事務に要する費用の支払方法の検討

◆死後事務に要する費用の支払方法

死後事務が開始すると、受任者は様々な手続において各種費用を支払うこととなります。死後事務に要する費用は相談者（委任者）が負担すべきことは前記のとおりですが、死後事務が開始するのは相談者（委任者）が死亡した後になるため、死後事務委任契約では、それら死後事務に要する費用を相談者（委任者）にどのように支払ってもらうかを取り決める必要があります。この点、死後事務委任契約も、通常の委任契約と同様に、受任者は、相談者（委任者）に対し、費用の前払を請求することが可能です（民649）。また、受任者において、費用を立て替える義務はありませんが、受任者が費用を立て替えた場合には、受任者はその費用を請求することができます（民650①）。

そのため、相談者（委任者）から受任者に対する死後事務に要する費用の支払方法として、①受任者が死後事務に要する費用を事前に預かる方法、②受任者が死後事務に要する費用を立て替えて後で支払を受ける方法が考えられます。そして、その他の方法として、③信託を利用する方法、④死後事務委任契約の受任者と遺言執行者を兼任する方法が考えられます。

◆死後事務に要する費用を預かる方法と注意点

死後事務に要する費用について、相談者（委任者）から前払を受け、受任者において預かり保管しておくことが可能です。実務上は、受任者が一定の現金を相談者（委

第3章　契約の締結

任者）から預かって保管しているケースが多く見受けられます。

　ア　預り金額の決定

　受任者が死後事務に要する費用を預かる方法を選択する場合、受任者の立場からすれば、死後事務に要する費用は余裕をもって預かっておきたいところです（相談者（委任者）からの預り金では、死後事務に要する費用が不足する場合、相続人や相続財産清算人に対して不足額を請求する必要が生じ、受任者において死後事務に要する費用を立て替えた場合と同様のリスクが生じる点については(7)以下参照）。

　他方で、相談者（委任者）の立場からすれば、受任者が預り金を使い込んでしまうリスクや、受任者に破産手続が開始された場合に預り金が受任者の財産（破産財団）に取り込まれてしまって預り金が返還されないリスクがあります。

　そこで、預り金額を決定するに当たっては、見積りが可能な死後事務についてはあらかじめ個別に見積りを取得し、できる限り死後事務に要する費用を明確にしておくことが必要です。

　しかし、医療費や入院費等のように死亡時でなければ明確にならない費用や、死後事務委任契約の締結時から死亡時までの物価変動により、見積金額と実際の死後事務に要する費用との間にそごが生じることもあり得ます。そこで、見積金額を参考にしつつ、相談者（委任者）と受任者との間で協議し、双方が納得できる預り金額を決定することが重要です。

　イ　預り金の分別管理の必要性

　受任者が相談者（委任者）から死後事務に要する費用を預かった場合、自らの固有財産と預り金とを明確に分別して管理しておく必要があります。具体的には、相談者（委任者）からの預り金のみを入金する受任者名義の預貯金口座を用意し、当該預貯金口座に預り金を入金しておくのがよいでしょう。また、受任者が弁護士の場合には、死後事務委任契約に基づく預り金口座であることが分かる預貯金名義（「A死後事務委任契約預り金口弁護士X」、「A死後事務受任者弁護士X預り金口」等）で預貯金口座を開設し、預り金を管理すべきです。

　このように、分別管理を徹底することで、受任者に破産手続が開始された場合に、預り金が受任者の財産（破産財団）に取り込まれてしまうリスクを回避できる可能性が高まります。

◆死後事務に要する費用の立替払をする方法と注意点

　受任者が死後事務に要する費用を立て替える方法を選択した場合、死後事務の履行は相談者（委任者）の死亡後に行われますので、受任者は、相談者（委任者）の相続

人に対して当該立替費用を請求することになります。他方、相談者（委任者）に相続人がいない場合には、受任者は、相続財産清算人に対して立替費用を請求することになります。

いずれの場合においても、立替費用を回収するまでには時間を要する可能性がある点に注意が必要です。特に、相続財産清算人に対して請求する場合、特別縁故者等の利害関係人から相続財産清算人選任の申立てがされないケースでは、受任者自らが、家庭裁判所に対して相続財産清算人選任の申立てをする必要がある点には留意が必要です。

また、相続人や相続財産清算人から回収することを期待して、受任者において死後事務に要する費用を立て替えたものの、事後的に相談者（委任者）が当該立替費用を賄うに足るだけの財産を有していなかったことが発覚した場合、受任者は当該立替費用を回収できないリスクもあります。

受任者はこれらのリスクを十分に検討した上で選択する必要があります。

◆信託を利用する方法

死後事務に要する費用の支払を確保する方法として、信託銀行や信託会社に死後事務に要する費用を信託しておく方法が考えられます。

信託を利用する場合、預り金は信託銀行や信託会社の債権者による強制執行の対象から除外され（信託23①）、万が一、信託銀行や信託会社に破産手続が開始された場合であっても、預り金が信託銀行や信託会社の財産（破産財団）に取り込まれることもありません（信託25①）。

しかし、信託を利用する場合には、信託銀行や信託会社に対する信託報酬が毎年発生することになりますので、相談者（委任者）に経済的負担が生じる点には留意が必要です。事前に信託銀行や信託会社に問い合わせ、信託を行った場合の信託報酬、相談者（委任者）の死亡後における信託銀行や信託会社からの支払方法を確認しておく必要があります。

◆死後事務委任契約の受任者と遺言執行者を兼任する方法

相談者（委任者）が遺言を作成しており、遺言において、死後事務に要する費用を相続財産から支払う旨が明記され、遺言執行者として、死後事務委任契約の受任者が指定されている場合、受任者は、遺言執行者として、死後事務に要する費用を自らに対して支払うことができます。もちろん、受任者以外の者を遺言執行者と定めた場合でも、受任者が相続財産を管理する遺言執行者から死後事務に要する費用の支払を受けることができるため、死後事務に要する費用の支払の確保という点では有用です。

しかしながら、遺言執行者に死後事務に要する費用の支払を求めなければならないという点で一定の時間を要することから、相談者（委任者）の死亡後の迅速な初動が重要となる死後事務委任契約においては、遺言の効力に争いがなく、相談者（委任者）に死後事務に要する費用を賄う相続財産がある場合には、死後事務委任契約の受任者と遺言執行者を兼任することで、受任者以外の者が遺言執行者になる場合と比べて、死後事務に要する費用の支払を早期に確保することができると考えます。

ただし、遺言のみが事後的に変更されることもあり得ますので、死後事務委任契約を作成する際には、死後事務委任契約の効力を、受任者を遺言執行者とする遺言が有効であることを条件として発生させるなどの工夫をすることが考えられます。

なお、相談者（委任者）の死亡後の迅速な初動の実現と死後事務に要する費用の確保の必要性を考慮すれば、事前に一定の現金を預かる方法及び死後事務委任契約の受任者と遺言執行者を兼任する方法を併用することが、最も有用な方法であるといえます。

（3）　死後事務の報酬の確認

◆報酬の定めと報酬の請求が可能となる時点

死後事務委任契約も委任契約であるところ、委任契約における受任者は、原則として無報酬とされており、契約に定めがなければ、報酬を請求することはできません（民648①）。そのため、受任者が報酬を受けるためには、契約で報酬を定める必要があります。受任者が報酬を請求できる旨を定めておけば、受任者が弁護士や司法書士等の専門家であるか否かにかかわらず、受任者は報酬を請求することができます。ただし、弁護士法は、弁護士（弁護士法人を含みます。）でない者が、報酬を得る目的で法律事務を取り扱うことを業とすることを禁止しています（弁護士72）。そのため、弁護士でない者が、業として、法律事務を対象とする死後事務委任契約を締結し、報酬を受け取ることはできません。ただし、弁護士法違反となるのは、業とする場合、すなわち反復継続性を有する場合ですので、相談者（委任者）の親族や知人が、受任者として法律事務を対象とする死後事務委任契約を締結し、その報酬を受領しても、原則として弁護士法には違反しません。

そして、死後事務委任契約における受任者の報酬は、契約で定められていない場合には、死後事務の履行が全て完了して初めて請求をすることができます（民648②）。そのため、段階的な報酬請求を希望する場合には、契約においてその旨を定めておく必要があります。

なお、受任者が死後事務委任契約を義務の履行が不能であることを原因として解除

した場合には、段階的な報酬請求についての定めがなかったとしても、受任者は、相談者（委任者）の相続人又は相続財産清算人に対し、既にした履行の割合に応じて報酬を請求することができます。

◆死後事務委任契約における受任者の報酬の定め方
　死後事務委任契約における受任者の報酬の有無及びその額については、明確な基準が存在するわけではありません。そのため、相談者（委任者）と受任者との間で協議の上、死後事務の内容、死後事務における複雑又は特殊な事情の有無等個別の事情を総合的に考慮して報酬の有無及びその額を定めることになります。
　　ア　報酬の種類
　死後事務委任契約における受任者の報酬を定める際には、遺言書の作成及び遺言の執行に係る報酬の考え方が参考になります。例えば、遺言書の作成及び遺言の執行の場合、①遺言書の作成に係る報酬と②遺言の執行に係る報酬とに分けて、報酬を定めることが一般的です。これと同様に、死後事務委任契約における受任者の報酬を定める場合にあっても、①死後事務委任契約書の作成に係る報酬と②死後事務の履行に係る報酬とに分けて定めることが一般的となっています。なお、弁護士や司法書士等の専門家ではない受任者が、これらの専門家に死後事務委任契約書の作成を依頼する場合には、死後事務委任契約書の作成に係る報酬は、これらの専門家に対して支払うことになります。
　　イ　報酬の形式
　報酬の形式については、①着手金及び報酬金として支払う方法、②手数料として支払う方法（支払時期については着手時一括払、終了時一括払、分割払等があります。）、③作業時間に応じて報酬を発生させるタイムチャージによる方法等があります。

◆死後事務委任契約書の作成に係る報酬
　遺言書の作成に係る報酬については、相談者（委任者）が得られる経済的利益の額を基準に、契約書が定型か非定型か、公正証書によるか否か等の諸事情を勘案して定めることが多いですが、タイムチャージによって報酬を定めることもあります。
　死後事務委任契約書の作成に係る報酬についても同様です。
　なお、タイムチャージによる場合は、時間単価を明確にしておくことは当然必要ですが、それ以外にも、受任者から相談者（委任者）に対して作業時間の目安を事前に告知することや報酬の上限額を設定することで、相談者（委任者）との紛争を未然に防止することができます。

◆死後事務の履行に係る報酬

　遺言の執行に係る報酬については、経済的利益の額（遺産額）を基準に、特に複雑又は特殊な事情の有無、遺言の執行に際して裁判手続の要否等の個別の事情を総合的に考慮して報酬を決定することが一般的です。

　死後事務の履行に係る報酬についても、遺言の執行に係る報酬の定め方を参考にすることが考えられますが、タイムチャージによる報酬を定めることが可能であることは、死後事務委任契約書の作成の場合と同様です。

　実務上は、後記【参考書式11】⑧〔死後事務の報酬に関する定め（死後事務の内容ごとに報酬を定める場合）〕のように、死後事務の内容ごとに報酬を定める方法も多く採用されています。

（4）　死後事務の報酬の支払方法の検討

◆死後事務委任契約における報酬の請求時期と請求先

　死後事務委任契約においては契約に定めがある場合のみ、報酬を請求することができます（民648①）。また、死後事務委任契約における受任者の報酬は、契約で定められていない場合には、死後事務の履行が全て完了して初めて請求をすることができます（民648②）。仮に段階的な報酬請求の定めを設けた場合には、契約において定めた個別の業務が完了した都度請求することができます。

　ただし、受任者は、相談者（委任者）の財産を処分する権限を有していないため、相談者（委任者）の財産から報酬を当然には支出できないことに注意が必要です。死後事務の履行が完了した時点においては、相談者（委任者）は死亡していることから、受任者は、相続人がいる場合には相談者（委任者）の地位を承継した相続人に対し、相続人が不存在の場合には相続財産清算人に対し、それぞれ報酬を請求することになります。

　しかしながら、この場合には、相談者（委任者）の地位を承継した相続人や相続財産清算人から報酬の支払を拒否される可能性や、支払までに時間を要する可能性があるため、あらかじめ相談者（委任者）との間で報酬の額だけでなく、報酬の支払方法についても取り決めておく必要があります。

　具体的には、死後事務に要する費用の支払方法と同様に、相談者（委任者）から受任者に対する報酬の支払方法として、①受任者が報酬相当額を事前に預かる方法、②信託を利用する方法、③死後事務委任契約の受任者と遺言執行者を兼任する方法が考えられます。

◆死後事務の報酬相当額を預かる方法と注意点

　死後事務委任契約においては、受任者が相談者（委任者）から死後事務に要する費用を預かることとした場合、預り金から当該費用を支出することができるのと同様に、死後事務委任契約における受任者の報酬相当額を預かることも可能です。

　その場合、死後事務委任契約において、報酬を預り金から支出することができる旨を定めておくことで、受任者は預り金から自らの報酬を受領することができます。このため、当該方法は、死後事務委任契約における受任者にとっては確実かつ早期に報酬を確保できる有用な手段といえます。

　他方で、相談者（委任者）が受任者に対して報酬相当額を預り金として預託する場合、受任者が預り金を使い込んでしまうリスクや、受任者に破産手続が開始された場合に預り金が受任者の財産（破産財団）に取り込まれてしまい預り金が返還されないリスクがあるなどの問題もあるため、相談者（委任者）が受任者に対して生前に報酬相当額を預り金として預託することに難色を示す可能性もあります。

　そのため、死後事務に要する費用を預かる場合と同様に、相談者（委任者）と受任者との間で、報酬相当額の預託の要否を十分に協議するとともに、受任者においては、報酬相当額の預託を受けた場合、預り金の分別管理には最大限の注意を払う必要があります。

◆信託を利用する方法と注意点

　死後事務の報酬の支払方法として、信託銀行や信託会社に、死後事務に要する費用のみならず、死後事務の報酬相当額を信託しておく方法が考えられます。信託銀行や信託会社に預けることで受任者による使い込みのリスクがなく、信託銀行や信託会社の債権者による強制執行の対象から除外され（信託23①）、万が一、信託銀行や信託会社に破産手続が開始された場合であっても、預り金が信託銀行や信託会社の財産（破産財団）に取り込まれることがないため（信託25①）、相談者（委任者）としては安全に保管できるメリットがあります。しかし、信託を利用する場合には、信託銀行や信託会社に対する信託報酬が毎年発生することになりますので、相談者（委任者）に経済的負担が生じる点には留意が必要です。事前に信託銀行や信託会社に問い合わせ、信託を行った場合の信託報酬、相談者（委任者）の死亡後における信託銀行や信託会社からの支払方法を確認しておく必要があります。

◆死後事務委任契約の受任者と遺言執行者を兼任する方法

　相談者（委任者）が遺言を作成しており、遺言において、死後事務の報酬を相続財産から支払う旨が明記され、遺言執行者として、死後事務委任契約の受任者が指定さ

れている場合、受任者は、遺言執行者として、死後事務の報酬を自らに対して支払うことができます。これは死後事務に要する費用の場合と同様です。もちろん、受任者以外の者を遺言執行者と定めた場合でも、受任者が相続財産を管理する遺言執行者から死後事務の報酬の支払を受けられますし、相談者（委任者）の相続人との関係が良好でなく相続人から死後事務の報酬の支払を拒否される可能性がある場合や相続財産清算人を選任しなければならない場合と比べると、死後事務の報酬の支払の確保という点では有用です。

ただし、遺言の効力に争いがなく、相談者（委任者）に相続財産がある場合には、死後事務委任契約の受任者と遺言執行者を兼任することで、受任者以外の者が遺言執行者になる場合と比べて、死後事務の報酬の支払を早期に確保することができると考えます。

このように、相談者（委任者）としては、死亡までは相談者（委任者）自身が財産を管理できるとともに、信託報酬のような経済的負担がないというメリットがあり、受任者としては、相続財産を換価し、その中から早期かつ確実に死後事務の報酬の支払を受けることができるというメリットがあります。このため、死後事務の報酬については、受任者と遺言執行者を兼任する方法によって支払を確保することが最も有用な方法であるといえます。

（5） 預り金による相続債務の弁済についての確認

死後事務委任契約の締結を検討している相談者（委任者）は、相続人がいないか、あるいは、相続人がいたとしても自らの死亡後に死後事務を円滑に履行するのが難しいという事情を抱えていることが多いと思われます。このような場合、相談者（委任者）が、死後事務が円滑に履行されることを期待して、死後事務委任契約の内容に、相続債務の弁済、特に医療費や入院費、高齢者施設等の施設利用料等の支払を盛り込むことが多いでしょう。

もっとも、相談者（委任者）は、生前は年金等を受け取っているので毎月の生活に必要な費用は支払えるものの、死亡したことでそれらの支給が停止するため、そもそも相続債務が相続財産の総額を上回るような場合があります。そのため、相続債務の弁済を死後事務委任契約の内容に盛り込む場合には、あらかじめ、それらの相続債務の支払方法や、仮に相続債務が相続財産を上回ってしまった場合の対処方法について取り決めておく必要があります。

◆相続債務の支払方法

死後事務委任契約において相続債務の弁済に関する定めを設ける場合、受任者は、

相続債務の弁済の原資について、あらかじめ預かり保管していないと弁済原資が不足する可能性があり、事実上、相続債務を弁済できないことになります。もっとも、受任者が、受任者として債務を履行しようとする場合は、受任者において立て替えて支払った上で、相談者（委任者）の地位を承継した相続人又は相続財産清算人に対して請求することになります。

しかし、死後事務に要する費用と同様に、当該立替金の回収に時間を要する可能性があるため、死後事務委任契約を締結する際には、当該契約を締結する時点で想定し得る相続債務については可能な限り特定した上で相続債務の弁済を委任事務として明記するとともに、それらの相続債務を弁済できるだけの原資、すなわち預り金の額についても詳細に検討をしておくことが望ましいです。

◆相続債務が相続財産の総額を上回る場合の対処方法

相続債務が相続財産の総額を上回るようなときには、相続債務の一部についてのみ弁済するのは避けるべきです。そのような事態が想定される場合には、委任事務として相続債務の弁済を受任すべきではないと思われます。

死後事務委任契約の締結時点においてこのような状況にはなかったとしても、相談者（委任者）の死亡時点において相続債務が相続財産の総額を上回っている可能性は否定しきれませんので、受任者としては、相談者（委任者）との死後事務委任契約の締結時のみならず、死後事務の履行として相続債務を弁済する前にも、相続財産と相続債務の状況をチェックすることが適切です。

仮に相談者（委任者）の死亡後に相続債務が相続財産の総額を上回っていることが判明した場合には、相続人に対して相続の放棄を促し、全ての相続人が家庭裁判所に相続の放棄を申述することで相続人が不存在となりますので（民939）、「相続人のあることが明らかでないとき」（民951）に該当し、相続財産法人が成立します。もともと相続人がいないときも同様です。相続人のあることが明らかでないときには、家庭裁判所は、利害関係人又は検察官の請求によって、相続財産清算人を選任しなければなりません（民952①）。

その上で、選任された相続財産清算人において相続債権者に対して相続債務の弁済を行うことが考えられます。このように、相談者（委任者）の死亡後に相続債務が相続財産の総額を上回る場合には、たとえ死後事務委任契約に定めがあったとしても、相続債務の弁済を行うべきではないため、あらかじめ相談者（委任者）にはその旨を説明するとともに、相続債務が相続財産の総額を上回る場合や、相続債務が事前に預かった現金を上回る場合（受任者では相続財産及び相続債務の全容を把握できない可

能性があるため）には相続債務の弁済を行わない旨の定めを置いておくなど、明確にしておくのがよいでしょう。

（6） 死後事務に要する費用の預り金に余剰が生じた場合についての検討

　死後事務委任契約を締結する際に、相談者（委任者）から死後事務に要する費用について預り金の預託を受けることとした場合、死後事務の履行の過程において当該預り金に余剰又は不足が生じた場合の対応について、あらかじめ検討しておく必要があります。

◆預り金に余剰が生じた場合の当該余剰分の返還先（相続人がいる場合）
　死後事務に要する費用として預かった現金は、死後事務を履行するための資金として相談者（委任者）が受任者に預託した現金であるため、その現金に余剰が生じた場合には、民法646条に基づき、受任者は、最終的に相談者（委任者）にこれを返還する必要があります。
　そして、当該余剰分の返還先となるべき相談者（委任者）は既に死亡していますので、相談者（委任者）の死亡後は、相続の制度上、被相続人の財産に属した一切の権利義務を相続し、死後事務委任契約における相談者（委任者）の地位を承継した相続人が当該余剰分の返還先となります。万が一、受任者がこの返還義務を怠ると受任者の債務不履行となってしまい、相談者（委任者）の相続人から当該余剰分の返還を請求されてしまう事態にもなりかねません。相談者（委任者）に相続人がいる場合は、履行完了後に余剰分を速やかに相談者（委任者）の相続人に返還することになります。なお、相談者（委任者）の相続人が存在することが分かっているものの、その住所や居所が不明の場合は、弁済供託をしたり（民494①二）、家庭裁判所に対して不在者財産管理人の選任を申し立て（民25①）、家庭裁判所が選任した管理人に当該余剰分を返還したりすることが考えられます。

◆預り金に余剰が生じた場合の当該余剰分の返還先（相続人が不存在の場合）
　相続人が不存在の場合には、次の返還の方法があると考えます。
① 家庭裁判所に対して相続財産清算人の選任を申し立て、家庭裁判所が選任した相続財産清算人に当該余剰分を支払う方法
② 当該余剰分を民法494条に基づき相続財産法人に供託する方法

③ 当該余剰分を死亡した相談者（委任者）の預貯金口座へ全額入金し、当該預貯金口座を凍結する方法

　もともと相続人がいなかったり、相続人全員が相続の放棄をして相続人が不存在の場合は、相続財産法人が成立することになりますが（民951）、法律上、相続財産法人が成立していたとしても、当該法人に管理者がいるとは限りません。

　このような場合、通常は、預り金の残額である当該余剰分を保有している受任者が、利害関係人として、相続財産清算人の選任を申し立てるのが本来の方法（①の方法）です。

　そのため、相続人がいない場合は、受任者において相続財産清算人の選任の申立ての必要性についても相談者（委任者）と十分に協議し、あらかじめ預かる金額を検討する必要があります。

　なお、家庭裁判所へ予納金を支払う必要があるなど、相当程度の費用を要することになるため、相談者（委任者）の資産の程度によっては相続財産清算人の選任を前提とした処理を進めることができない場合があります。

　そこで、このような場合には、相続財産法人が成立したが管理人が選任されておらず、相続財産法人が当該余剰分を受領することができない状態であることを根拠に供託すること（民494①二）が可能です（②の方法）。また、当該余剰分が少額であり、生前の相談者（委任者）の預貯金口座を受任者が知っており、相談者（委任者）の死亡により預貯金口座が凍結されていない場合には、最終手段として、死亡した相談者（委任者）の預貯金口座へ全額入金した後に当該預貯金口座を凍結する方法（③の方法）が考えられます。

　このように、本来的な手続としての①の方法（相続財産清算人を選任する方法）から、②の方法（供託する方法）及び③の方法（相談者（委任者）の預貯金口座へ入金し当該預貯金口座を凍結する方法）という順で相談者（委任者）と検討し、適切な手続に備える必要があります。

◆預り金に余剰が生じないようにする方法
　ア　死後事務委任契約において預り金に余剰が生じた場合の当該余剰分を受任者の報酬に充当する定めや、追加報酬とする旨の定めを置く方法

　預り金に余剰が生じた場合、前記の帰すう（預り金に余剰が生じた場合の当該余剰分の返還先）についてあらかじめ想定していても各手続には時間や費用を要します。そこで、そもそも相談者（委任者）の死亡後に預り金に余剰が生じないようにするための方法を事前に相談者（委任者）と取り決めておくことが有益です。

その簡便な方法として、生前の相談者（委任者）と死後事務委任契約を締結する段階で、あらかじめ預り金に余剰が生じた場合を見越して、預り金の余剰分を受任者の報酬に充当すること、それでも余剰が生じた場合には当該余剰分を全て受任者の追加報酬とみなす旨の定めを置く方法があります。この方法によれば、当該余剰分は全て受任者の報酬にすることができ、受任者にはとっては非常に簡便であるといえます。

イ　相談者（委任者）が遺言において預り金に余剰が生じた場合の当該余剰分の処理を定めておく方法

　相談者（委任者）に遺言を作成してもらう方法も有効です。具体的には、相談者（委任者）が遺言において、預り金に余剰が生じた場合の当該余剰分の返還先を相続人や受遺者にするとともに、遺言執行者を定めておきます。そうしておけば、受任者は遺言執行者に当該余剰分の処理を任せることができます。遺言執行者は、遺言の内容を実現するため、相続財産の管理その他遺言の執行に必要な一切の行為をする権利義務を有しますから（民1012①）、当該余剰分は遺言執行者に返還すればよいことになります。

　ただし、受任者が遺言執行者を兼任する方法は、死後事務に要する費用や死後事務の報酬の支払の確保として有用な方法の一つであるため、死後事務委任契約と併せて遺言を作成する場合には、受任者が遺言執行者となり、遺言執行者の立場として遺言に基づき余剰分の処理をする方が、預り金に余剰が生じた場合の当該余剰分の処理だけでなく、不足が生じた場合の当該不足分の処理にも備えることが可能です。

（7）　死後事務に要する費用の預り金に不足が生じた場合についての検討

◆預り金に不足が生じた場合の対応（相続人がいる場合）

　民法上、委任契約においては、受任者は、委任者に対し、委任事務を処理するために必要な費用の前払を請求することができます（民649）。また、受任者が費用を立て替えた場合には、受任者はその費用を請求することができます（民650①）。

　そして、その請求先は、相続の制度上、被相続人の財産に属した一切の権利義務を相続し、死後事務委任契約における相談者（委任者）の地位を承継した相続人となり、相談者（委任者）の相続人は、受任者に対し、追加で必要となった費用（追加費用）の前払をする義務があります。

◆預り金に不足が生じた場合の対応（相続人が不存在の場合）

　相続人が不存在の場合には、家庭裁判所に対して相続財産清算人の選任を申し立て

ます。その上で、家庭裁判所が選任した相続財産清算人に対し、預り金に不足が生じた場合の当該不足分を請求することになります。

◆預り金の不足分が未払であることを理由とする死後事務委任契約の解除
　預り金に不足が生じた場合には、相続人又は相続財産清算人に対して追加費用を請求することになります。
　しかし、万が一、受任者が当該不足分を支払ってもらえない場合は、死後事務の履行は不可能となりますから、受任者は履行不能を理由として死後事務委任契約を解除することができます。
　ただし、ここで注意しなければならないのは、相続人が複数いる場合には、追加費用の請求を相続人全員に対して行った上で（相対効）（民441）、追加費用が支払われないことを理由とする解除を相続人全員に対して行う必要があります（解除の不可分性）（民544①）。相続人が複数いる場合には、相続人同士の関係性や意見の相違等、相続人が1人の場合と比べて、トラブルが起こりやすいため、追加費用が支払われず、死後事務の履行を中断せざる得ないことがあり得ます。また、最悪の場合、追加費用が支払われないことを理由として死後事務委任契約の解除を行わざるを得ない場合も想定しておく必要があります。

◆預り金の不足に備える方法
　ア　信託を利用する方法
　相談者（委任者）の死亡後における追加費用の請求を簡便にするために、信託銀行や信託会社を利用して死後事務に要する費用の保全をしてもらう方法が考えられます。これは、信託銀行や信託会社を利用するため信託報酬はかかりますが、高額な費用の捻出が想定されるような事案では、受任者による使い込みを防止し、受任者への費用の支払を円滑に実施できる点で、死後事務の履行をサポートする有用な方法です。
　イ　死後事務委任契約の受任者と遺言執行者を兼任する方法
　相談者（委任者）が遺言を作成しており、遺言において、死後事務に要する費用を相続財産から支払う旨が明記され、遺言執行者として、死後事務委任契約の受任者が指定されている場合、受任者は、遺言執行者として、追加費用を含む死後事務に要する費用を自らに対して支払うことができます。
　このように円滑に追加費用の支払を受けることは、死後事務の履行には不可欠であるため、受任者においては事前に相談者（委任者）との間で、死後事務に要する費用

の見積りだけでなく、それが不足した場合に備えてどのように対応すべきか検討しておく必要があります。

（8） 推定相続人との死後事務に要する費用についての事前協議

◆死後事務委任契約における当事者と利害対立関係

　死後事務に要する費用として現金を預かった場合、預り金の余剰分の返還先や不足分の請求先は、死亡した相談者（委任者）ではなく、死後事務委任契約上の地位を含む「被相続人の財産に属した一切の権利義務」を承継した相続人となります（民896本文）。

　そのため、死後事務委任契約の当事者は受任者と相談者（委任者）の相続人となります。

　その一方で、受任者が預かっていた現金を死後事務の履行のために支出することは、同時に、相続人の相続財産を減少させることにつながり、受任者が相続人に対し、預り金の不足や立替費用を請求する関係となるため（民649）、受任者と相続人との間では契約当事者となると同時に利害が対立し得ることになります。

　したがって、推定相続人が全く死後事務委任契約の存在を認識していない場合には、相談者（委任者）の死亡後にトラブルが引き起こされる可能性があります。

◆推定相続人との死後事務に要する費用についての事前協議

　このように推定相続人と受任者とは、相談者（委任者）の死亡後は相互に関与せざるを得ない関係にあるため、できる限り、相談者（委任者）の生前に推定相続人へ連絡をとり、死後事務委任契約の内容や死後事務に要する費用をあらかじめ受任者が預かって管理することの説明や、相談者（委任者）の死亡後の死後事務の履行において、余剰が生じた場合の当該余剰分の返還方法、死後事務に要する費用に不足が生じた場合の当該不足分の精算方法について事前に協議し、死後事務を円滑に履行できる状態にしておくことが望ましいでしょう。

　ただし、死後事務を推定相続人ではなく第三者に依頼する場合の多くは、推定相続人が遠方に住んでいたり、日常的な交流がなかったりするなどの理由で、死後事務を推定相続人には依頼できないことが想定されます。

　そのため、必ずしも死後事務委任契約の締結後に推定相続人へ連絡できるとは限りませんが、受任者としては、最終的な相談者（委任者）の地位を承継するのは、相談者（委任者）の推定相続人であることを十分に理解し、接点を持つよう心掛けましょう。

4　遺言の作成・遺言執行者兼任の検討

　死後事務委任契約も契約である以上、強行法規や公序良俗に反しないこと等一般的な契約の有効性の要件を満たす限り、広く委任事務を定めることができます。
　その一方で、死後事務委任契約を締結する際には、その多くが強行法規とされている遺言制度との抵触に留意する必要があります。
　また、内容によっては、死後事務の履行を円滑に進めるために、遺言の作成が有用な場面もありますので、死後事務委任契約の締結に当たっては、遺言の作成と遺言執行者の指定について十分に検討を行うべきです。

（1）　遺言の作成の検討

◆遺言で定めるべき事項の存在
　死後事務委任契約には厳格な形式は存在せず、広く委任事務を定めることができる一方で、遺言は、民法に定める方式に従わなければ効力が認められません（民960）。既に死亡している遺言者の真意を確証するため、その成立要件には厳格さが求められるべきであるからです。このように民法が遺言に厳格な成立要件を設けている趣旨からすれば、本来、遺言で定めるべき事項を死後事務委任契約において定めることは、遺言制度の潜脱ともなり得るため、その有効性に疑問が生じます。また、遺言が死亡後の法律関係を定める遺言者の最終的な意思の表示であることを踏まえると、死後事務委任契約において、法定遺言事項を定めることや、既に作成された遺言の内容と矛盾する委任事務を定めることは避けた方がよいでしょう。
　法定遺言事項とは、遺言で定めることのできる事項であって、法的な拘束力が生じるものです。
　具体的には、以下のとおりです。
　なお、法定遺言事項以外の遺言事項は、付言事項といい、遺言者の思い等を伝えることはできますが、法的拘束力は生じません。
① 　相続に関する事項
　㋐　推定相続人の廃除、廃除の取消し（民893・894②）
　㋑　相続分の指定・指定の委託（民902①）
　㋒　特別受益の持戻しの免除（民903③）
　㋓　遺産分割方法の指定・指定の委託（民908①前段）
　㋔　遺産分割の禁止（民908①後段）

㋖　共同相続人の担保責任の減免・加重（民914）
　　㋗　配偶者居住権の設定（民1028①二）
　　㋘　遺留分侵害額の負担の割合の指定（民1047①二ただし書）
　②　相続以外による遺産の処分に関する事項
　　㋐　遺贈（民964）
　　㋑　相続財産に属しない権利の遺贈についての別段の意思表示（民996ただし書・997②ただし書）
　　㋒　信託の設定（信託2②二・3二）
　　㋓　一般財団法人の設立（一般法人152②）
　③　身分関係に関する事項
　　㋐　認知（民781②）
　　㋑　未成年後見人の指定（民839①）
　　㋒　未成年後見監督人の指定（民848）
　④　遺言執行に関する事項
　　㋐　遺言執行者の指定・指定の委託（民1006①）
　⑤　その他の事項
　　㋐　祭祀承継者の指定（民897①ただし書）
　　㋑　遺言の撤回（民1022）
　　㋒　保険金受取人の変更（保険44①・73①）

　以上のように、死後事務委任契約の作成の依頼を受けた場合には、法定遺言事項については遺言で定めることとし、死後事務委任契約の効力に疑問が生じないよう配慮しておくのがよいでしょう。他方、遺言で定める場合には付言事項にしかならないものに法的拘束力を生じさせるためには、死後事務委任契約で定めることが有益です。

◆死後事務委任契約との関係で遺言の作成が有用となる事項

　死後事務委任契約は、遺言とともに作成することで、相談者（委任者）死亡後の死後事務を円滑に進められる場合があります。特に、死後事務に要する費用や死後事務の報酬に関する部分に関して、以下のような条項を遺言において設けることが考えられます。

①　相続人との利害対立を回避しながら余剰金を処理するための遺言条項例

例：「遺言者が締結した〇年〇月〇日付け死後事務委任契約に基づき、死後事務に要する費用及び死後事務の報酬に充てるため、遺言者の生前に受任者に対して預け入れた現金があ

> る場合は、当該受任者が死後事務に要する費用及び死後事務の報酬のために支払った後の残額について相続人〇〇に相続させる。」

　相談者（委任者）が受任者に対して預けた現金も、「被相続人の財産に属した一切の権利義務」に含まれるため、相談者（委任者）の相続人がその権利を相続することになります（民896本文）。したがって、受任者が預り金を死後事務の履行のために支出することは、同時に、相続人の相続財産を減少させることにつながるため、受任者と相続人との間で利害が対立し得ることになります。そこで、相続人とのトラブルを防止するために、受任者が管理している預り金に関して、本条項を規定することが考えられます。

　加えて、死後事務に要する費用として預かった現金は、死後事務を履行するための資金として相談者（委任者）が受任者に預託した現金であるため、その現金に余剰が生じた場合には、被相続人の財産に属した一切の権利義務を相続し、死後事務委任契約における相談者（委任者）の地位を承継した相続人に対して返還する義務が生じます。しかしながら、相続人の状況次第では返還が困難となるケースもあるため、この条項を規定し、併せて遺言執行者を指定することで、受任者は、遺言執行者へ返還すれば足りることになり、手続が簡便となります。

② 預り金が不足した場合の死後事務に要する費用及び死後事務の報酬に関する遺言条項例

> 例：「遺言者が締結した〇年〇月〇日付け死後事務委任契約に基づく死後事務に要する費用及び死後事務の報酬を相続財産から支払う。ただし、遺言者が死後事務に要する費用及び死後事務の報酬に充てるため、遺言者の生前に受任者に対して預け入れた現金がある場合には、当該預り金を先に充当した後の不足分について相続財産から支払うものとする。」

　死後事務に要する費用や死後事務の報酬は相談者（委任者）が負担すべきものであるため（民649）、預り金に不足が生じた場合の当該不足分や死後事務の履行完了後の報酬は、相続財産から円滑に捻出してもらう必要があります。そこで、遺言において、「死後事務に要する費用及び死後事務の報酬を相続財産から支払う」旨が明記され、遺言執行者が指定されている場合には、受任者は、遺言執行者より円滑に当該費用及び報酬を受領することができます。

　あるいは、清算型遺贈形式の遺言も考えられます。清算型遺贈とは、遺言で遺言執行者を指定しておき、その遺言執行者が被相続人の相続財産の売却や解約等の換価手続を経て、相続債務や諸経費等を精算した残額を相続人又は受遺者に遺贈する方式です。この諸経費等の精算項目に死後事務に要する費用や死後事務の報酬を盛り込むことで、相続財産からの精算を円滑に進めることができます。

③　死後事務の履行で預かった現金や物品等に関する遺言条項例

> 例：「その他一切の相続財産は、相続人〇〇に相続させる」

　受任者が死後事務を履行する中で、相談者（委任者）の自宅等で現金を見つけたり、高齢者施設等や家主から返還されたりするなどして一定の現金を預かることがあります。また、現金に限らず、物品等（書類や小物等）を預かることもあります。このような場合、当該現金や物品等については相談者（委任者）の地位を承継した相続人又は相続財産清算人に引き渡さなければなりません（第6章2参照）。
　しかしながら、相続人の状況次第では返還が困難となったり、相続財産清算人の選任手続には一定の時間や費用を要したりするため、当該遺言条項例のように相続する者を指定し、併せて遺言執行者を指定することで、受任者は、遺言執行者へ返還すれば足りることになり、手続が簡便となります。

（2）　受任者と遺言執行者の兼任についての検討

　前記のとおり、死後事務委任契約の締結と併せて遺言を作成することで、死後事務を円滑に履行できるため、遺言を作成しておくことは有用です。これに加えて、遺言を作成する場合には、相続財産を取り扱う遺言執行者の役割が重要であるため、死後事務委任契約における受任者と遺言執行者を兼任する方法が非常に有用です。
　この点、遺言執行者については受任者以外の者を指定することも可能です。
　しかしながら、相談者（委任者）死亡後の迅速な初動が重要となる死後事務委任契約においては、特に、死後事務委任契約の受任者と遺言執行者を兼任するという方法が、受任者以外の者が遺言執行者になる場合と比べて、死後事務に要する費用の支払を早期に確保するために有用であると考えます。
　このように死後事務の履行及び遺言の執行を全体的に管理できることは、相談者（委任者）の要望にも沿うものであり、死亡後の処理を早期かつ円滑に行うことができるため、相談者（委任者）と十分に協議して決める価値があります。
　ただし、遺言のみが事後的に変更されることもあり得ますので、死後事務委任契約を作成する際には、死後事務委任契約の効力を、受任者を遺言執行者とする遺言が有効であることを条件として発生させるなどの工夫をすることが考えられます。
　このように遺言の作成及び遺言執行者の指定について、その必要性を相談者（委任者）に十分説明し、遺言の作成も死後事務委任契約と併せて行うとよいでしょう。

5　死後事務委任契約の解除等に関する確認

　死後事務委任契約は、契約の締結から委任事務の全てを完了して契約が終了するまでの間、長期にわたることが多いです。もっとも、契約の途中で解除や解約を要する事態に陥ることもあり得るため、解除等の可否についての整理が必要です。

（1）　死後事務委任契約の性質

　死後事務委任契約は、委任契約（民643）の一種とされています。したがって、各当事者がいつでもその解除をすることができます（民651①）。また、双方の当事者で合意に至れば中途解約を行うこともできます。

　しかし、死後事務委任契約は通常の委任契約とは異なり、相談者（委任者）の死亡後に役務を提供することを契約の内容とするものであるため、解除を無制限に認めてしまうと、死後事務委任契約の実益が失われ、相談者（委任者）の意思に反することにもなりかねません。

　そのため、死後事務委任契約の解除については、一定程度の制限を受け得ることになります。

（2）　各当事者からの解除の可否

◆相談者（委任者）からの解除の可否

　相談者（委任者）自身が、本人の生前に、死後事務委任契約を解除することは可能です（民651①）。ただし、死後事務委任契約上、解除を明確に制限する条項が設けられているような場合には、この条項に従うことになります。

◆相談者（委任者）の相続人からの解除の可否

　相続人は、相続開始の時から、被相続人の財産に属した一切の権利義務を承継します（民896）。そうだとすると、相談者（委任者）の相続人は、承継した相談者（委任者）の地位に基づき、いつでも委任を解除することができるとも思われます。

　しかし、死後事務委任契約を締結する際に、相談者（委任者）の相続人からの解除を一定の事由が生じた場合に制限する旨の条項を設けることが一般的です。この場合は、相談者（委任者）の相続人は自由に契約を解除することができなくなります。

また、仮に、相談者（委任者）の相続人からの解除を制限する旨の条項を明示的に定めなかったとしても、死後事務委任契約の中に、黙示の解除制限特約が包含されていると解されることもあります。例えば、東京高裁平成21年12月21日判決（判時2073・32）は、「その契約内容が不明確又は実現困難であったり、委任者の地位を承継した者にとって履行負担が加重であるなど契約を履行させることが不合理と認められる特段の事情のない限り、委任者の地位の承継者が委任契約を解除して終了させることを許さない合意をも包含する趣旨と解することが相当である」と説示し、黙示の解除制限合意の存在を肯定しています。
　このように、相談者（委任者）の相続人からの解除を制限する旨の条項を明示的に定めた場合はもちろん、そのような条項がなかったとしても、特段の事情のない限り、相談者（委任者）の相続人からの解除は制限されます。

◆受任者からの解除の可否
　受任者は、委任者の相続の発生前後を問わず、いつでも辞任（解除）が可能です（民651①）。ただし、相談者（委任者）に不利な時期に委任を解除したときは、やむを得ない事由がない限り、相談者（委任者）に対して損害賠償義務を負うことになりますので注意が必要です（民651②一）。
　また、相談者（委任者）からの解除の可否の項で述べたのと同様に、死後事務委任契約上、解除を明確に制限する条項が設けられているような場合には、この条項に従うことになります。

（3） 解除を制限する旨の条項の要否についての検討 ■■■■■■■■■■

◆検討のポイント
　死後事務委任契約を締結するに当たっては、前記のとおり、①相談者（委任者）からの解除を制限する条項、②相談者（委任者）の相続人からの解除を制限する条項、③受任者からの解除を制限する条項をそれぞれ設けるかを判断する必要があります。
　受任者の立場からすると、①や②の条項は設けつつ、③の条項は設けないというのが負担は少ないといえます。しかし、結局のところは相談者（委任者）の意向が何よりも大切ですので、相談者（委任者）の意向を聴き取った上で判断すべき事柄です（なお、②の条項を設けなかったとしても、黙示の解除制限合意の存在が認められる結果として、相談者（委任者）の相続人からの解除を制限し得ることに留意しておくべきです。）。

◆裁判例に照らした解除の可否についての確認

　相談者（委任者）の相続人からの解除を制限したい場合には、そのような条項を明示的に定めておくのが肝要です。しかし、相談者（委任者）の意向との関係で、そのような条項を設けることができないということもあり得ます。このとき、受任者としては、相談者（委任者）の相続人からの解除を制限する方法として、黙示の解除制限合意を念頭に置くことになります。

　前記の裁判例は、「その契約内容が不明確又は実現困難であったり、委任者の地位を承継した者にとって履行負担が加重であるなど契約を履行させることが不合理と認められる特段の事情のない限り、委任者の地位の承継者が委任契約を解除して終了させることを許さない合意をも包含する趣旨と解することが相当である」としているところ、前記のように、①死後事務委任契約の内容が不明確である場合、②死後事務委任契約の内容が実現困難である場合、③相談者（委任者）の地位を承継した者にとって履行負担が加重である場合等には、黙示の解除制限合意の存在が否定され、結果的に、相談者（委任者）の相続人からの解除が認められることになります。

　したがって、相談者（委任者）の相続人からの解除を制限したいと考える場合には、前記のような特段の事情が認められることにならないかを、死後事務委任契約の内容を踏まえて検討しておくべきです。

──────── ケーススタディ ────────

Q　相談者（委任者）との間で死後事務委任契約の条項を協議しているところですが、聞くところによると、相談者（委任者）の相続人Aは気難しい方のようで、相談者（委任者）も、「私の死亡後、Aは死後事務委任契約の解除を求めてくると思う」と言っています。

　死後事務委任契約を締結するに当たり、何か手当てをしておくべきでしょうか。

A　死後事務委任契約は、相談者（委任者）が生前に抱いていた希望を、相談者（委任者）の死亡後にかなえるものですので、相談者（委任者）が亡くなった後に、死後事務委任契約の内容を適切に履行できるようにしておく必要があります。そのため、本ケースにおいては、相談者（委任者）の相続人からの解除を制限する旨の条項を設けておくべきです。このような条項があれば、相談者（委任者）の相続人からの解除を封じることができます。

　また、仮にそのような条項を設けることが難しいような場合であっても、裁判

例に照らせば、黙示の解除制限合意が認められ、結果的に相談者（委任者）の相続人からの解除を封じることができる可能性があるため、黙示の解除制限合意が認められなくなってしまう特段の事情がないか検討しておくべきです。

　ただ、現実的な問題として、相談者（委任者）の相続人からの死後事務委任契約を解除する旨の通知を受領した後に、委任事務の履行を継続することは相続人との間でトラブルを引き起こすことにもなりかねません。したがって、最終的には相談者（委任者）の相続人からの解除の求めに応じるということも念頭に置いておくべきです。そのため、相談者（委任者）に対しても、相談者（委任者）の相続人から死後事務委任契約を解除する旨の通知があれば、最悪の場合には、当該契約が終了してしまう可能性があることについて、きちんと説明しておきましょう。

6　相談者（委任者）が死亡した事実を認知する方法の検討

（1）　相談者（委任者）の健康状態等を把握する方法について死後事務委任契約に盛り込むか、別途「見守り契約」を締結するかの検討

　相談者（委任者）が死亡した事実を受任者が速やかに認知することができず、当該事実を把握できた時には既に相続人により葬儀・納骨等が終わっていた、というようなことになれば、死後事務委任契約に基づく委任事務の履行自体が不可能となってしまいます。

　そこで、死後事務委任契約の受任者としては、相談者（委任者）が死亡した事実を速やかに認知できるようにしておく必要があります。そのため、相談者（委任者）に電話等で定期的に連絡をし、相談者（委任者）の健康状態等を把握する方法について死後事務委任契約の中に盛り込むのも一案です。

◆見守り契約の締結の検討

　死後事務委任契約の条項の中で、当該契約の締結後、受任者において相談者（委任者）に定期的に連絡をすることを定めることは可能ですが、死後事務委任契約は、あくまで相談者（委任者）の死亡後の事務の処理を委任することが中心となりますので、相談者（委任者）の生前の事務を委任する場合には、死後事務委任契約の締結とは別

に、見守り契約を締結することも検討に値するでしょう。

　見守り契約では、相談者（委任者）に定期的に連絡をして安否確認等を行うことになりますが、その方法は、相談者（委任者）の要望により、1～3か月に1回程度の頻度で、電話、Eメール、LINE、FAX、面談等によることとなります。また、定期的な連絡を面談以外の電話等の方法で行う場合でも、少なくとも1年に1回程度、相談者（委任者）と受任者が直接面談することを内容とすることも考えられ、定期的な面談により、相談者（委任者）の健康状態や生活状況につき把握することが可能となります。

　また、死後事務委任契約と併せて見守り契約を締結し、定期的に連絡をする中で、死後事務委任契約の締結時には生じていなかったが、その後生じた法的な問題（財産管理上の問題や相続問題等）の相談に随時対応することも可能となり、相談者（委任者）にとってより手厚い支援を受けられることが期待できます。

　死後事務委任契約の締結時において財産管理についても委任を受ける必要がある状況であれば、見守り契約と財産管理契約の双方の契約を締結することが有用です（財産管理契約の内容に見守り義務を盛り込むことも考えられます。）。死後事務委任契約の締結時において財産管理の必要まではないケースでも、見守り契約を締結して定期的にコンタクトをとり、財産管理が必要な状況になれば、財産管理契約を締結することとしたり、見守り契約や財産管理契約に併せて任意後見契約を締結し、将来相談者（委任者）の判断能力に問題が生じた際には、家庭裁判所が任意後見監督人を選任することで受任者が任意後見人として本人に代理して財産管理や身上保護を行うことができることとしたりすることも考えられます。

　見守り契約や財産管理契約の締結に当たっては、1か月当たり一定額の報酬とする旨の定めを置くことが多く、相談者（委任者）にとっては多少の費用は発生しますが、相談者（委任者）の財産状況及び収支状況に照らし、その費用負担に支障がないようであれば、死後事務委任契約と併せて見守り契約や財産管理契約を締結すれば、相談者（委任者）にとってはより手厚い支援を受けられることになります。

◆ホームロイヤー弁護士への相談
　高齢者や障害者が感じている将来の生活や財産管理等に関する不安を解消するため、法律相談や財産管理等を通じて継続的な支援を行う弁護士をホームロイヤーと呼ぶことがあります（かかりつけ医をホームドクターと呼ぶことから着想を得た言葉です。）。こうした弁護士と相談し、現状の不安と今後のニーズに合わせ、どのような契約を行うのが適切かを検討するとよいでしょう。

（2） 病院、高齢者施設、家主、ケアマネジャー等との連携

　相談者（委任者）が病院に入院している場合、高齢者施設に入居している場合、賃貸住宅に入居している場合であれば、あらかじめ相談者（委任者）本人の同意を得た上で、病院、高齢者施設、家主に対し、それぞれ、受任者の連絡先を緊急連絡先として伝えておくことが考えられます。

　また、相談者（委任者）にケアマネジャーが就いている場合には、ケアマネジャーとも連携をとり、相談者（委任者）本人の同意を得て、緊急時には受任者に連絡をしてもらえるよう、依頼しておくことも有用です。

7　死後事務委任契約書の作成

（1） 相談者（委任者）への契約内容の最終確認

　以上の検討を踏まえ、相談者（委任者）へ契約内容の最終確認をしていくことになります。

　相談者（委任者）の前で一つ一つの条項を読み上げ、その内容を説明しておくことが重要です。

　ところで、死後事務委任契約は、委任契約であり、当事者の合意により成立する「諾成契約」です。このため、契約締結に当たり、相談者（委任者）に対し、契約内容を読み聞かせることは要件になっていません。

　しかしながら、読み聞かせは、相談者（委任者）に契約内容を理解してもらったり、誤解を解消したりすることに役立ちますので、読み聞かせを行うことが望ましいといえます。

（2） 推定相続人への契約内容の説明・確認

　死後事務委任契約の委任者は相談者であり、相談者（委任者）の推定相続人は契約締結時において委任者ではありませんので、推定相続人への契約内容の説明・確認は不要です。

　もっとも、相談者（委任者）の死亡により相続が開始すれば、相続人が相談者（委任者）の権利義務を承継した結果（民896）、相続人が死後事務委任契約の委任者の地位

を承継することになります。また、死後事務委任契約の履行時において、相続人でないと手続をすることができない事項があれば相続人に協力してもらう必要もあります。

このため、契約書作成時に推定相続人への契約内容の説明・確認を経ておくことで、契約履行時の事務を円滑に進めることができます。

とはいえ、相談者（委任者）と推定相続人との関係性等によっては、相談者（委任者）と推定相続人との間で意見対立が生じて無用の紛争となってしまう可能性もあります。

このように、相談者（委任者）と推定相続人との関係が良好でなく、契約内容の説明等をすれば紛争に発展してしまうような場合には、契約書作成時に推定相続人に対して契約内容の説明・確認をすることは控え、契約締結後に時期を見計らって説明等をすることになります。

（3） 公正証書による死後事務委任契約書の作成

死後事務委任契約の法的性質は「委任契約」（民643）です。そして、委任契約は、委任者と受任者の合意により成立する「諾成契約」とされていますので、契約の成立に公正証書の作成は義務付けられていません。このため、死後事務委任契約は公正証書によって作成する必要はありません。なお、公正証書とは、私人からの依頼により公証人（＝実質的に公務員であると言われています。）がその権限に基づいて作成する文書のことです。

もっとも、実務上、死後事務委任契約は公正証書によって作成されている例が多いところです。

これは、死後事務委任契約の対象となる委任事項は、相談者（委任者）の死亡後に行うことが予定されているところ、公証人に関与してもらって公正証書にすることで、真に相談者（委任者）がそのような委任をしたのかを明確にすることができ、紛争の防止につながるためです。

以上のことから、死後事務委任契約は公正証書によって作成することが望ましいといえます。

【参考書式11】 死後事務委任契約書条項例

① 〔復受任者の選任〕（1参照）

> （復受任者の選任）
> 第○条　乙は、本件委任事務の履行のため復受任者を選任することができ、甲はこれをあらかじめ承諾する。
> 2　復受任者は、甲に対し、乙と同様の権利及び義務を有するものとする。

② 〔報酬〕（1参照）

> （報　酬）
> 第○条　甲は、乙に対し、本件委任事務の報酬として金○万円（消費税別）を支払うものとする。
> 2　乙は、本件委任事務の履行が完了した後、本件預託金から前項の報酬の支払を受けることができる。
> 3　乙が復受任者を選任した場合には、復受任者の報酬は第１項の報酬に含まれるものとする。

③ 〔監督者選任に関する定め〕（2参照）

> （監督者）
> 第○条　甲は、本契約に基づく乙の本件委任事務の適正な履行を監督するため、監督者（以下「監督者」という。）として以下の者を指定する。
> 　氏　名　○○○○（○○弁護士会所属弁護士　登録番号○○○○○）
> 　住　所　○○県○○市○○町○丁目○番○号　○○法律事務所
> 2　乙は、第○条（報告義務）及び第○条（本契約終了後の事務）に基づく報告を監督者に対しても行わなければならない。
> 3　監督者は、必要に応じ、乙に対し、本件委任事務の状況又は預託金の管理の状況等の報告を求めることができる。
> 4　甲は、監督者に対し、本件委任事務履行の監督にかかる報酬として、金○万円（消費税別）を支払うものとする。
> 5　監督者は、乙による本件委任事務の履行が完了した後、又は監督者による乙の本件委任事務の監督が完了した後、本件預託金から前項の報酬の支払を受けることができる。

④ 〔死後事務の履行中における死後事務に要する費用に関する定め（死後事務に要する費用を預かる場合）〕（3参照）

> （費用の負担）
> 第○条　甲は、乙に対し、本件委任事務の履行に要する費用が全て甲の負担となることを承諾するものとする。
> （受任者に対する費用等の預託）
> 第○条　甲は、乙に対し、本件委任事務の費用及び乙の報酬の支払に充てるため、本契約締結時に、金○円を預託金（以下「本件預託金」という。）として、乙に預託するものとする。ただし、本件預託金には利息を付さないものとする。
> 2　乙は、本件預託金を乙の財産と分別して管理しなければならない。
> 3　乙は、甲に対し、本件預託金の預託後速やかに、本件預託金について預り証を発行するものとする。
> 4　乙は、本件委任事務（甲の死亡前に行うべき事務がある場合を含む。）の履行に要する費用をその都度本件預託金から支払うことができる。
> 5　乙は、本件預託金に不足が生じ又は不足することが見込まれる場合には、甲に対し、不足又は不足が見込まれる額の追加預託を請求することができる。
> 6　乙は、第1項の本件預託金の預託又は前項の追加預託があるまで本件委任事務の履行を中止することができる。
> （報告義務）
> 第○条　乙は、甲に対し、本契約締結後○か月ごとに本件預託金の保管の状況を書面により報告しなければならない。
> 2　乙は、本件委任事務の履行に着手したときは、甲の相続人及び遺言執行者に対し、本件委任事務の履行に着手した旨を報告し、以後、○か月ごとに本件委任事務の履行の状況を報告しなければならない。

⑤ 〔死後事務の履行完了後における死後事務に要する費用に関する定め（預り金の余剰分を受任者の報酬に充当する場合）〕（3参照）

> （本契約終了後の事務）
> 第○条　乙は、本契約終了後、遅滞なく、本件預託金を精算しなければならない。
> 2　乙は、前項の本件預託金の精算の結果、本件委任事務の費用及び乙の報酬に不足が生じた場合には、甲の相続人又は遺言執行者に対し、その不足額の支払を請求することができる。
> 3　乙は、本件委任事務の履行に当たって甲の金銭、動産、証券等を保管しているときは、本契約終了後、遅滞なく、これらを甲の遺言執行者に引き渡さなければならない。

第3章　契約の締結

　　4　乙は、第2項の定めにかかわらず、前項により保管している金銭があるときは、乙の本件委任事務の費用及び乙の報酬の不足分に当然に充当することができる。
　　5　乙は、本契約終了後○か月以内に、甲の相続人又は遺言執行者に対し、以下の事項について書面をもって報告しなければならない。
　　　① 本件委任事務の履行の状況とその結果
　　　② 本件委任事務の履行に要した費用の額及びその内訳
　　　③ 本契約に基づく乙の報酬の額及びその収受の状況
　　　④ 本件預託金の保管の状況及び精算の結果
　　　⑤ 本契約に基づいて保管している金銭、動産、証券等の有無及びその保管の状況
　　6　甲の生存中に本契約が終了した場合、乙は、本条に基づく甲の金銭、動産、証券等の返還及び本件委任事務の履行の状況の報告は、甲に対して行うものとする。

⑥　〔相続債務の支払について限定する旨の定め〕（ 3 参照）

（本件委任事務の内容）
第○条　甲は、乙に対し、本日、下記の本件委任事務を乙に委任し、乙はこれを引き受けるものとする。
記
・病院、高齢者施設（老人ホーム）等との契約の解約及び精算
・電気、ガス、水道等の利用契約の解約及び精算
　〔中略〕
2　前項にかかわらず、相続債務（相続開始時に甲に帰属する債務（病院への医療費、入院費や高齢者施設（老人ホーム）等への施設利用料等（原状回復費用等を含む。）の支払債務及び電気、ガス、水道等の利用料金の支払債務等）の総額が、相続財産若しくは本件預託金の額を上回る場合又はそのおそれがある場合には、乙は当該相続債務の弁済を行わないことができる。

⑦　〔死後事務の報酬に関する定め（預り金の余剰分を追加報酬とする場合）〕（ 3 参照）

（報　酬）
第○条　甲は、乙に対し、本件委任事務の報酬として金○万円（消費税別）を支払うものとする。
2　乙は、本件委任事務の履行が完了した後、本件預託金から前項の報酬の支払を受けることができる。

> 3　第1項にかかわらず、前項に基づき乙が本件預託金から第1項の報酬の支払を受けた結果、本件預託金に余剰が生じた場合には、甲は、乙に対し、当該余剰金を本件委任事務の追加報酬として、第1項の報酬に加えて支払う。
> 4　乙が復受任者を選任した場合には、復受任者の報酬は第1項及び前項の報酬に含まれるものとする。

⑧　〔死後事務の報酬に関する定め（死後事務の内容ごとに報酬を定める場合）〕（3参照）

> （報　酬）
> 第○条　甲は、乙に対し、本件委任事務の報酬を支払うものとし、下記のとおり、死後事務の内容ごとに報酬額（消費税別）を定める。
> 記
> 葬儀に関する報酬・・・金○万円
> 火葬に関する報酬・・・金○万円
> 行政官庁等の諸手続に関する報酬・・・金○万円
> 医療費・施設利用料等の精算に関する報酬・・・金○万円
> 遺品の整理に関する報酬・・・金○万円
> 不在者財産管理人選任の申立てに関する報酬・・・金○万円
> 相続財産清算人選任の申立てに関する報酬・・・金○万円
> 2　乙は、前項に定めた各死後事務の履行が完了した後、前項の報酬の支払を履行完了ごとに受けることができる。

⑨　〔死後事務委任契約の効力を、特定の遺言が有効であることを条件とする定め〕（4参照）

> （停止条件）
> 第○条　甲と乙は、本件死後事務委任契約が、甲作成による○年○月○日付け遺言が有効であり、同遺言の遺言執行者が乙であることを停止条件として効力を生ずることを相互に確認する。

⑩ 〔委任者の相続人による解除を制限する場合〕（5参照）

> （委任者による解除）
> 第○条　甲は、いつでも本契約を解除することができる。ただし、甲は、やむを得ない場合を除き、解除によって乙に生じた損害を賠償しなければならない。
> 2　甲の相続人は、甲の死亡後、以下の事由が生じた場合に限り、本契約を解除することができる。
> 　① 　乙がその心身の故障その他の事由により本件委任事務を行うことが不可能又は著しく困難であるとき
> 　② 　乙が本契約の義務に違反し、甲の相続人が相当の期間を定めて催告をしたにもかかわらず是正されないとき
> 　③ 　乙が本契約の義務に違反し、その程度が重大であるとき

⑪ 〔委任者及び委任者の相続人による解除を制限する場合〕（5参照）

> （委任者による解除）
> 第○条　甲及び甲の相続人は、以下の事由が生じた場合に限り、本契約を解除することができる。
> 　① 　乙がその心身の故障その他の事由により本件委任事務を行うことが不可能又は著しく困難であるとき
> 　② 　乙が本契約の義務に違反し、甲又は甲の相続人が相当の期間を定めて催告をしたにもかかわらず是正されないとき
> 　③ 　乙が本契約の義務に違反し、その程度が重大であるとき

⑫ 〔契約締結後の定期連絡に関する定め〕（6参照）

> （定期連絡）
> 第○条　乙は、甲に対し、本契約締結後○か月ごとに、電話、Eメール等適宜の方法により連絡し、甲の生活状況及び安否状況の確認を行うものとする。

【参考書式12】 見守り契約書条項例（見守り契約における委任事務の範囲に関する定め）（6参照）

（委任事務の範囲）
第○条　甲は、乙に対し、次の事務（以下「委任事務」という。）を委任し、乙はこれを受任する。
　（1）　以下に定める方法による甲の安否状況等の確認
　　　　　　１か月に１回、電話、Ｅメール、ＦＡＸ等適宜の方法による安否状況の確認
　　　　　（おおむね１か月当たり１時間程度の法律相談及び財産管理の助言を含む。）
　（2）　１年に１回、直接の面談による、甲の生活状況及び本契約による継続的な支援の方法に関する甲の意思の確認
　（3）　甲の疾病、遭難、その他応急時において、甲の指定する下記連絡先への連絡
　　　　　　　　　　　　　　　　　記
　　　　氏　　　名　　○○○○
　　　　住　　　所　　○○県○○市○○町○丁目○番○号
　　　　電話番号　　　○○－○○○○－○○○○
　　　　甲との関係　　○○

第 4 章

契約締結後の定期連絡

＜フローチャート〜死後事務委任契約締結後の定期連絡＞

```
┌─────────────────────────────┬──────────────────────────┐
│ 1 相談者（委任者）への定期   │ 2 預り金の保管状況の報告 │
│   的な連絡の実施と相談者（委 │                          │
│   任者）の健康状態等の把握   │                          │
└─────────────────────────────┴──────────────────────────┘
                │
                ▼
        ┌──────────────────────────┐
        │ 3 推定相続人への定期的な連 │
        │   絡の実施                 │
        └──────────────────────────┘
```

1 相談者（委任者）への定期的な連絡の実施と相談者（委任者）の健康状態等の把握

　死後事務委任契約の締結後、相談者（委任者）が死亡しておらず、当該契約の効力が発生していないとしても、当該契約における委任事務は、葬儀や納骨等のように相談者（委任者）の死亡直後に行われることが多いため、当該契約の受任者は、相談者（委任者）の死亡の事実をいち早く入手する必要があります。

　そのため、実務上は、相談者（委任者）の状況にもよりますが、1か月から3か月に1回程度、相談者（委任者）に連絡をとって相談者（委任者）の健康状態等を把握し、特に、相談者（委任者）の死亡直後に行われる葬儀や納骨等について迅速かつ的確に対応できるよう備えておく必要があります。

2 預り金の保管状況の報告

　死後事務委任契約においては、受任者が死後事務を履行するための資金を事前に預かって管理することが死後事務の履行のためには簡便であることから、実務上、受任者が一定の金銭を相談者（委任者）から預かって保管しているケースが多く見受けられます（第3章 3 参照）。

　このようなケースでは、受任者は、相談者（委任者）に対し、預り金の保管状況に関して報告する義務があります（民645）。

　受任者が預り金を使い込んだり、不正に引き出したりしたと疑われないためにも、受任者は、相談者（委任者）からの問合せに対応するだけでなく、自ら積極的に預り金の保管状況を定期的に報告すべきです。報告の方法としては、記帳した最新の預貯金通帳等の写しを添付することが考えられます。

　そのため、実務上、死後事務委任契約の受任者は、相談者（委任者）に対する定期的な連絡に併せて、預り金の保管状況を報告することが望ましいといえます。

3 推定相続人への定期的な連絡の実施

　相談者（委任者）の推定相続人は、相談者（委任者）の死亡により、被相続人の財産に属した一切の権利義務を承継するため（民896本文）、受任者は、相談者（委任者）の地位を承継した相続人に対し、死後事務委任契約に基づく報告義務（民645）を負うことになります。

　また、死後事務委任契約の受任者としては、最終的に死後事務の処理が終了した時点で、速やかに相続人に対して死後事務の処理の内容を報告するとともに、預り金その他の物を引き渡す必要があります。

　そのため、推定相続人がいる場合には、可能な限り、相談者（委任者）の生前に推定相続人へ連絡をとり、相談者（委任者）の健康状態等に関する情報の共有や、相談者（委任者）の死亡後の死後事務の履行のために必要な協力を要請し、円滑に連絡ができる状態にしておくことが望ましいでしょう。

　ただし、推定相続人がいたとしても、死後事務を推定相続人ではなく第三者に依頼する場合の多くは、推定相続人が遠方に住んでいたり、日常的な交流がなかったりするなどの理由で死後事務を推定相続人には依頼できないことが想定されます。

　そのため、必ずしも死後事務委任契約の締結後に推定相続人へ連絡ができるとは限りませんが、当該契約の受任者としては、最終的な相談者（委任者）の地位を承継するのは、相談者（委任者）の推定相続人であることを十分に理解し、接点を持つよう心掛けておくとよいでしょう。

　この点、相談者（委任者）の中には、推定相続人と関わりたくないという理由で、推定相続人への連絡を拒むケースもあります。しかし、相談者（委任者）が推定相続人への生前の連絡を控える、葬儀への参列を断る、墓の場所を伝えないということは可能であっても、最後まで相談者（委任者）の死亡の事実を含めた一切の連絡をしないということはできません。死後事務委任契約の受任者が、相談者（委任者）から、推定相続人に一切の連絡をしないでほしいという依頼を受けた場合には、そのようなことは現実的ではないことを丁寧に説明し、理解してもらうようにしましょう。

【参考書式13】　相談者（委任者）への定期的な連絡の実施と相談者（委任者）の健康状態の把握

令和〇〇年〇〇月〇〇日

〇〇〇〇殿

〒〇〇〇-〇〇〇〇
〇〇県〇〇市〇〇町〇丁目〇番〇号
〇〇法律事務所
弁護士　〇〇〇〇
TEL　〇〇-〇〇〇〇-〇〇〇〇
FAX　〇〇-〇〇〇〇-〇〇〇〇

ご　連　絡

拝啓　時下ますますご清祥のこととお慶び申し上げます。
　前回のご連絡から〇か月が過ぎましたが、今回も死後事務委任契約締結後の定期連絡及び貴殿の現在の健康状態の確認のため、ご連絡させていただきました。

　体調を崩しやすい時期ですが、お変わりなくお過ごしでしょうか。
　また、現在のお住まいや電話番号等の連絡手段について変更のご予定はありますでしょうか。
　最近のご様子や体調面のご不安等ささいなことでも結構ですので、ご遠慮なく当職までご連絡ください。

敬具

【参考書式14】　預り金の保管状況の報告

　　　　　　　　　　　　　　　　　　　　　　　　　令和○○年○○月○○日
○○○○殿
　　　　　　　　　　　　　　　　　　　　　　　　〒○○○－○○○○
　　　　　　　　　　　　　　　　　　　　　　○○県○○市○○町○丁目○番○号
　　　　　　　　　　　　　　　　　　　　　　　　　　　　○○法律事務所
　　　　　　　　　　　　　　　　　　　　　　　　　　　弁護士　○○○○
　　　　　　　　　　　　　　　　　　　　TEL　○○－○○○○－○○○○
　　　　　　　　　　　　　　　　　　　　FAX　○○－○○○○－○○○○

　　　　　　　　　　　　　預り金の保管状況報告書

　現時点の預り金残高は以下のとおりです（別添預金通帳（写し）参照）。

　　　　預り金残高　　○○万○○円（○○年○○月○○日時点）
　　　　※前回のご報告時の残高から増減はありません。

添付資料

預金通帳（写し）

　なお、預金通帳は、入出金記録部分だけでなく、預金通帳の表紙や見開き部分の写しも添付するようにしましょう。

【参考書式15】　推定相続人等への定期的な連絡の実施

```
                                    令和○○年○○月○○日
○○○○殿
                                        〒○○○-○○○○
                                    ○○県○○市○○町○丁目○番○号
                                              ○○法律事務所
                                              弁護士　○○○○
                                        TEL　○○-○○○○-○○○○
                                        FAX　○○-○○○○-○○○○

                         ご　連　絡

拝啓　時下ますますご清祥のこととお慶び申し上げます。
　前回のご連絡から○か月が過ぎましたので、今回も○○様に関する定期的なご報告を
させていただきます。

　現在、○○様におかれましては、以前と変わらず○○にお住まいであり、年齢相応の
健康上や生活上のご不安はあるようですが、健康面でも生活面でも変わりなくお元気に
過ごされています。今後も当職において定期的に○○様と連絡をとりつつ、体調や生活
の変化等がありましたら、貴殿にもご連絡させていただきます。

　貴殿におかれましても、現在のお住まいや電話番号等の連絡手段について変更のご予
定がありましたら、事前に当職までご連絡いただきますようお願いいたします。
                                                        敬具
```

第 5 章

準備及び履行

第1 葬儀・納骨等・法要に関する準備及び履行

<フローチャート〜葬儀・納骨等・法要に関する準備及び履行>

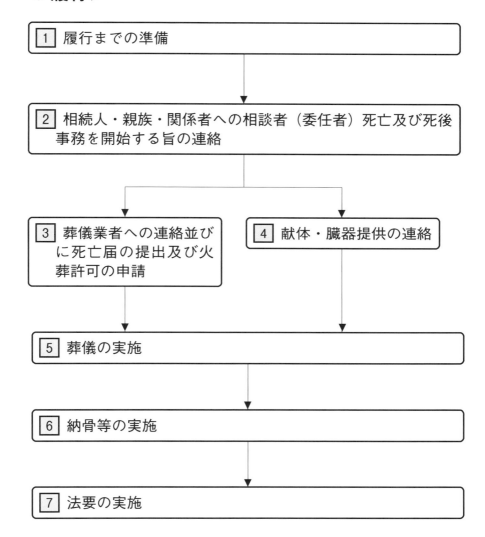

1　履行までの準備

　死後事務は、相談者（委任者）が死亡した後に具体的な事務処理を行うことになりますが、受任した事務を確実に履行できるよう、相談者（委任者）の生前から準備を整えておく必要があります。

　死後事務委任契約の受任者は、相続人・親族・関係者に対し、相談者（委任者）が死亡した事実及び死後事務を開始する旨を連絡することに始まり、葬儀業者への連絡と葬儀の実施というように、特に、相談者（委任者）が死亡した直後は、短期間で様々な処理を行う必要が生じることになりますので、慌てることのないよう準備しておくことが重要です。

（1）　相続人・親族・関係者・死亡届提出予定者への連絡方法の確認

　死後事務委任契約において、相談者（委任者）が死亡した事実を、いつ、誰に、どのように連絡するか規定していると思われますが、当該契約で連絡先として指定している相談者（委任者）の推定相続人や親族、知人ら関係者が、住所を変更したり、電話番号等を変更したりしている可能性もあります。また、これらの者が、相談者（委任者）よりも先に死亡してしまうことも考えられます。

　このような場合、死後事務委任契約の内容どおりに、相談者（委任者）が死亡した事実を速やかに連絡できない可能性がありますので、当該契約締結後の相談者（委任者）に対する定期連絡と合わせて、相談者（委任者）の推定相続人や親族、知人ら関係者の住所や電話番号等を確認しておく必要があります。

　仮に、相談者（委任者）の推定相続人や親族、知人ら関係者の住所や電話番号等に変更があった場合には、別途、相談者（委任者）との間で、死後事務委任契約の内容を変更することについてあらかじめ合意しておくことになります。すなわち、死後事務委任契約に記載されている相談者（委任者）の推定相続人や親族、知人ら関係者の住所や電話番号等に変更があることが判明した場合には、「相談者（委任者）において、相談者（委任者）の推定相続人や親族、知人ら関係者の新しい住所や電話番号等を確認した上で、受任者に対し、これらの情報を通知すること」や「相談者（委任者）の推定相続人や親族、知人ら関係者の住所や電話番号等が不明になった場合には、相談者（委任者）が死亡した後の受任者の連絡義務を解除すること」等を当該契約の内容に盛り込んでおくことが考えられます。

死亡届提出予定者についても、相談者（委任者）の死亡を連絡する対象者と同様に、死亡届提出予定者の住所や電話番号等の連絡先が変更されたり、死亡届提出予定者が相談者（委任者）よりも先に死亡してしまったりする可能性があります。

　死亡届提出予定者とは相談者（委任者）が死亡した直後に連絡することが必須ですので、特に、死亡届提出予定者の住所や電話番号等の連絡先に変更がないか当該契約締結後も慎重に確認しておくことが必要です。

（2）　葬儀・納骨等・法要の実施方法の確認

　死後事務委任契約において、相談者（委任者）が死亡した場合の葬儀や納骨等の実施方法の具体的な内容が定められることが多いと思われますが、当該契約の締結後に、相談者（委任者）の経済的事情の変動により収入状況が悪化したり、物価水準の上昇により葬儀費用が高騰したりして、相談者（委任者）が想定している水準の葬儀を実施することが困難となる可能性もあります。また、利用する予定の葬儀業者が廃業してしまっている可能性もあります。このように、死後事務委任契約の内容どおりに、相談者（委任者）が希望する葬儀や納骨等を実施することができなくなっていないか、当該契約締結後の相談者（委任者）に対する定期連絡と合わせて確認しておくことが必要です。

　法要についても、相談者（委任者）が依頼したいと考えている寺院を運営する宗教法人が破産したり、寺院が閉鎖されたりすることも想定されますので、そのような事態が生じていないか定期的に確認しておくべきだといえます。

2　相続人・親族・関係者への相談者（委任者）死亡及び死後事務を開始する旨の連絡

　死後事務委任契約の受任者は、相談者（委任者）が死亡したとの連絡を受けた場合には、直ちに当該契約に記載されている葬儀業者に連絡し、葬儀に関する打合せを行うことになります。

　それと並行して、当該契約に記載されている相続人・親族・関係者に対し、相談者（委任者）が死亡した事実及び死後事務を開始する旨を連絡することになりますが、特に急ぐのは、葬儀に出席してもらいたいと相談者（委任者）が考えている相続人・親族・関係者への連絡です。

おそらく、相談者（委任者）が葬儀に出席してもらいたいと連絡を希望する相続人・親族・関係者は、相談者（委任者）との間に信頼関係があることが多く、連絡もとりやすいと考えられます。

　しかしながら、それでも、死後事務委任契約の受任者からの連絡を受ける側からすれば知らない電話番号等からの連絡となるため、緊急の連絡と受け止めて対応をしてもらえない可能性があったり、連絡が取れたとしても死後事務についての認識不足から警戒感を持たれる可能性もあったりします。このため、可能であれば、相談者（委任者）の体調が思わしくないなど生命の危険が生じた時点において、受任者から相続人・親族・関係者に対して事前に連絡するなどの方法も検討しておくとよいでしょう。

　また、相談者（委任者）と折り合いの悪い相続人がいる場合、相談者（委任者）は葬儀や納骨等一連の死後事務が終わってからの相続人への連絡を希望することもあり得ます（なお、相続人がいる場合、相続人に相談者（委任者）が死亡したこと自体を報告しないということは困難です（第2章第1　1 参照）。）。この場合は、信頼関係が破綻しているため、相談者（委任者）の希望に従って、葬儀や納骨等の死後事務を遂行した後に連絡することも考えられますが、相続人から死後事務の遂行結果に対して苦情を受けることも考えられますので、可能な限り、少なくとも相続人のうちの1名には、相談者（委任者）が死亡した後の早い時点において相談者（委任者）が死亡した事実及び受任者が死後事務を遂行する旨を報告しておくことが望ましいと思われます。

3　葬儀業者への連絡並びに死亡届の提出及び火葬許可の申請

　死後事務委任契約の受任者は、相談者（委任者）が死亡したとの連絡を受けた場合には、直ちに当該契約に記載されている葬儀業者に連絡をすることになります。

　通夜や告別式を省略するいわゆる直葬という方法を選択する場合であっても、遺体の安置場所を確保する必要性から、葬儀業者に依頼することが多いと思われます。

　葬儀業者は24時間体制で連絡が可能であることがほとんどですので、受任者は、相談者（委任者）が死亡した直後に葬儀業者に一報を入れることになります。相談者（委任者）が病気で医師から死期が近いと診断された場合には、あらかじめ葬儀業者に連絡をするとともに相談をしておくことも考えられます。なお、葬儀業者と並行して、相談者（委任者）が希望する寺院にも連絡することになります。

相談者（委任者）が病院で死亡した場合には、病院で死亡診断書を作成してもらい、葬儀業者の寝台車の到着を待って病院から葬儀業者の安置場所に遺体を搬送することになります。

　相談者（委任者）が有料老人ホーム等の医師が常駐していない高齢者施設で死亡した場合には、医師の死亡診断を受けるまでに多少時間を要しますが、死亡診断書を作成してもらうことや葬儀業者に搬送してもらうことは同じです。

　受任者としては、死後事務委任契約の内容に沿った葬儀・納骨等ができるよう、葬儀業者との間で今後の流れや進め方について協議をすることになります。

　死亡診断書と死亡届は1枚の用紙にまとまっており、医師から死亡診断書を受領すると、死亡診断書の左側が死亡届となっていますので、左側を死後事務委任契約に記載されている死亡届提出予定者に作成してもらうことになります。

　死亡届を提出しないと火葬許可証が交付されず火葬を執り行うことができませんので、死亡届を速やかに提出する必要があります。死亡届は、相談者（委任者）の死亡後、速やかに市町村役場の戸籍係に提出することになります。死亡届の提出自体は、葬儀業者が代行してくれることもあります。

　死後事務委任契約の受任者は、火葬許可証を受け取った上で、葬儀業者の手配に従って、相談者（委任者）の希望する寺院の宗派に則った通夜と葬儀、告別式を執り行い、出棺して火葬を行うことになります。

4　献体・臓器提供の連絡

　相談者（委任者）の希望に基づいて献体や臓器提供をすることが死後事務委任契約の内容に盛り込まれている場合、相談者（委任者）の死亡後、速やかに献体・臓器提供の連絡をする必要があります。

（1）　献体の連絡

　相談者（委任者）が献体を希望している場合、死後事務委任契約締結後、相談者（委任者）が死亡するまでの間に、当該契約の内容に沿った大学に申込みをして登録することになります。

　その上で、死亡した直後の手続や流れについても事前に登録した大学との間で確認しておくことが必要であり、相談者（委任者）の死亡後は、事前に確認していたとおりの方法によって登録した大学に連絡をすることになります。

一般的には、相談者（委任者）の葬儀を行った後、出棺をするタイミングで大学に引き取ってもらうことが多いようです。また、死亡届を提出し、火葬許可証・埋葬許可証を取得しておくことも必要になります。
　大学に引き取られた後は、解剖の実施を経て、火葬され遺骨となった状態で返還されることになります。返還されるまでには、１年から３年程度を要することもあるため、受任者が引き取る場合には、適宜、状況について確認することになります。
　遺骨を引き取った後は、死後事務委任契約において定められたとおりの方法によって納骨することになります。

（２）　臓器提供の連絡

　相談者（委任者）が臓器提供を希望している場合、相談者（委任者）が死亡するまでの間に、相談者（委任者）において、運転免許証・健康保険証・マイナンバーカード・その他臓器提供意思表示カードに臓器提供の意思（①臓器提供をするか否か、②提供するとして心停止下に限るのか、脳死下を含めるのか）を記載することが必要になります（公益社団法人日本臓器移植ネットワークのウェブサイトにおいて意思登録を行うことも可能です。）。
　その上で、相談者（委任者）が治療を受けているときに、担当医師に対し、臓器提供の意思がある旨を説明し、死亡後の臓器提供に向けた準備を依頼することになります。
　遺族（家族）がいる場合には、遺族が臓器の提供を拒まないときしか臓器提供はできないため、遺族（家族）がいる場合には事前に連絡の上で担当医師に対して臓器提供に反対しない旨の意思を示してもらう必要があります。
　相談者（委任者）が脳死判定を受けたときには、担当医師において臓器の摘出を行い、遺体を戻してもらった上で、受任者において、死後事務委任契約の内容に沿った葬儀・納骨等の手続に進むことになります。

5　葬儀の実施

　相談者（委任者）が死亡したときには、死後事務委任契約において定められたとおりの葬儀を執り行うことになります。
　相談者（委任者）が死亡した場合、受任者は、直ちに葬儀業者と寺院に連絡をした上で、葬儀会場の手配を行い、葬儀や埋葬の日時を調整することになります。

葬儀業者と連携し、葬儀業者の安置場所若しくは葬儀会場に遺体を搬送します。葬儀業者と協力して死亡届を提出し、火葬許可証・埋葬許可証の交付を受け、火葬の準備も整えます。

また、葬儀を実施するに当たっては、葬儀の内容とともに葬儀費用についても死後事務委任契約において定められていることが多いと思われますので、相談者（委任者）の希望する内容どおりに葬儀を執り行うとともに、当該契約で定められた葬儀費用の範囲内で収まるかどうか確認をする必要があります。

葬儀費用が当該契約で定められた内容を超えるとしても、葬儀を一切執り行わないということはできず、当該契約で定められた葬儀費用の範囲内でもって、可能な限り当該契約で定められた内容に近い葬儀を執り行えるよう努力をする必要があると思われます。

その上で、死後事務委任契約における死後事務が終了した際に、相続人がいる場合は相続人に対し、相続人がいない場合は当該契約で定められた報告対象者に対し、死後事務の報告をすることになりますが、その中において、葬儀の内容を修正した経緯等について適切に説明をすることになります。

なお、当該契約で定められた葬儀費用の範囲内で、当該契約で定められた内容の葬儀を実施することができない場合に備えて、例えば、死後事務委任契約において、「葬儀費用が不足して希望する内容の葬儀が実施できない場合には、受任者の判断において、葬儀の内容を変更することができる。」旨を定めておくことも考えられます。

6　納骨等の実施

相談者（委任者）が死亡したときには、死後事務委任契約において定められたとおりの葬儀を執り行い、引き続き、火葬した後の焼骨について当該契約で定められたとおりの納骨等を執り行うことになります。

この点、当該契約において墓地に埋葬することが定められている場合には、火葬後、埋葬許可証を当該契約で定められた墓地の管理者に提出し、墓地に焼骨を埋蔵することになります。その上で、受任者において、墓地の管理者や寺院に対し、埋葬に要する費用等を支払うことになります。

当該契約において、墓地に埋葬せずに、焼骨を納骨堂に納めたり、相続人・親族・知人等の関係者の自宅に保管したりすることが定められている場合には、火葬後、予定していた寺院や相続人・親族・知人等の関係者に対し、焼骨を引き渡した上で、保

管を依頼することになります。

　また、焼骨について、散骨や樹木葬等の自然葬という形で処理することが当該契約の内容に盛り込まれている場合には、あらかじめ決められた場所において散骨したり、あらかじめ決められた墓地・霊園等に対して樹木葬を依頼して墓地・霊園等の敷地内の定められた場所に埋蔵してもらったりすることになります。樹木葬の場合は、埋葬後の管理が不要であるため、相続人や親族がいないときには利用しやすい方法であるともいえます。

　いずれにせよ、納骨等についても、火葬後速やかに手続をする必要がありますので、相談者（委任者）が死亡するまでの間に手続や流れについては詳細に確認をしておくことが有益ですし、死後事務委任契約を締結してから時間が経過している場合には、死後事務に要する費用が変更されていないか、適宜のタイミングで確認しておくことが望ましいと考えられます。

7　法要の実施

　納骨等の死後事務を遂行した後は、相談者（委任者）の希望に基づいて法要を執り行うことになります。

　相続人や親族がいない場合、若しくは相続人や親族がいたとしても祭祀を承継してくれない場合に、相談者（委任者）の死亡後、相談者（委任者）において自らを供養するための法要を執り行ってほしいとの希望があるときは、受任者において法要を執り行うことになります。

　法要については、宗派・寺院によって、作法や内容は大きく異なり、費用についても差があるものと思われます。

　このため、死後事務委任契約締結後、相談者（委任者）が死亡するまでの間に、法要を依頼する寺院に事前に連絡をした上で、必要となる仏具や費用等についても確認しておく必要があると思われます。

　最終的には、永代供養という形で弔い上げをすることで法要は終了となることが多いと思われますが、それまでの間、死後事務としてある程度長期的に執り行うことになりますので、相続人や親族等の死後事務の結果の報告対象者に対し、葬儀・納骨等の段階で、予定している法要の内容について事前に説明しておくことが有益であると思われます。

第5章 準備及び履行　　　　　　　　161

【参考書式16】　死亡届・死亡診断書

別紙4（1／2）

死　亡　届

受理	令和　年　月　日	発送	令和　年　月　日
	第　　　　号		
送付	令和　年　月　日		長印
	第　　　　号		
書類調査	戸籍記載	記載調査	調査票	附票	住民票	通知

令和○年○月○日届出

○○市長殿

(1)	（よみかた）	こうの　　　　はなこ	
(2)	氏　名	氏　甲野　　　名　花子	□男　☑女
(3)	生年月日	昭和○○年○○月○○日（生まれてから30日以内に死亡したときは生まれた時刻も書いてください）□午前　□午後　　時　　分	
(4)	死亡したとき	令和　○年　○月　○日　☑午前　□午後　○○時○○分	
(5)	死亡したところ	○○県○○市○○町○丁目○　番地　番○号	
(6)	住　所（住民登録をしているところ）	○○県○○市○○町○丁目○番○号	
	世帯主の氏名	甲野　一郎	
(7)	本　籍（外国人のときは国籍だけを書いてください）	○○県○○市○○町○丁目○　番地　番	
	筆頭者の氏名	甲野　一郎	
(8)(9)	死亡した人の夫または妻	☑いる（満○○歳）　いない（□未婚　□死別　□離別）	
(10)	死亡したときの世帯のおもな仕事と	□1. 農業だけまたは農業とその他の仕事を持っている世帯 □2. 自由業・商工業・サービス業等を個人で経営している世帯 ☑3. 企業・個人商店等（官公庁は除く）の常用勤労者世帯で勤め先の従業者数が1人から99人までの世帯（日々または1年未満の契約の雇用者は5） □4. 3にあてはまらない常用勤労者世帯及び会社団体の役員の世帯（日々または1年未満の契約の雇用者は5） □5. 1から4にあてはまらないその他の仕事をしている者のいる世帯 □6. 仕事をしている者のいない世帯	
(11)	死亡した人の職業・産業	（国勢調査の年…　年…の4月1日から翌年3月31日までに死亡したときだけ書いてください） 職業　　　　　　　　　　　　産業	

その他

届出人

☑1. 同居の親族　□2. 同居していない親族　□3. 同居者　□4. 家主　□5. 地主
□6. 家屋管理人　□7. 土地管理人　□8. 公設所の長　□9. 後見人
□10. 保佐人　□11. 補助人　□12. 任意後見人　□13. 任意後見受任者

住所　○○県○○市○○町○丁目○番○号

本籍　○○県○○市○○町○丁目○番○号　番地／番　筆頭者の氏名　甲野　健太

署名（※押印は任意）　甲野　健太　　印　　昭和○○年○○月○○日生

事件簿番号

記入の注意

鉛筆や消えやすいインキで書かないでください。
死亡したことを知った日からかぞえて7日以内に出してください。
死者の本籍地でない役場に出すときは、2通出してください（役場が相当と認めたときは、1通で足りることもあります。）。2通の場合でも、死亡診断書は、原本1通と写し1通でさしつかえありません。

▶「筆頭者の氏名」には、戸籍のはじめに記載されている人の氏名を書いてください。

▶内縁のものはふくまれません。

▶□には、あてはまるものに☑のようにしるしをつけてください。

▶死亡者について書いてください。

届け出られた事項は、人口動態調査（統計法に基づく基幹統計調査、厚生労働省所管）、がん登録等の推進に関する法律に基づく全国がん登録（厚生労働省所管）にも用いられます。

第5章　準備及び履行

別紙4（2／2）

死亡診断書（死体検案書）

この死亡診断書（死体検案書）は、我が国の死因統計作成の資料としても用いられます。楷書で、できるだけ詳しく書いてください。

氏名	甲野 花子	1男 ②女	生年月日	明治 ㊃ 大正 平成 令和 ○○年○○月○○日 （生まれてから30日以内に死亡したときは生まれた時刻も書いてください）午前・午後　時　分

死亡したとき　令和○年○月○日　午前・午後○○時○○分

(12)(13) 死亡したところの種別　①病院　2診療所　3介護医療院・介護老人保健施設　4助産所　5老人ホーム　6自宅　7その他
死亡したところ　○○県○○市○○町○丁目○　番○号
（死亡したところの種別1～5）施設の名称　○○○病院　（　　　）

(14) 死亡の原因
I
- (ア) 直接死因　脳出血　発病（発症）又は受傷から死亡までの期間　10時間
- (イ) (ア)の原因　動脈硬化症　4か月
- (ウ) (イ)の原因
- (エ) (ウ)の原因

II 直接には死因に関係しないがI欄の傷病経過に影響を及ぼした傷病名等

◆I欄、II欄ともに疾患の終末期の状態としての心不全、呼吸不全等は書かないでください
◆I欄では、最も死亡に影響を与えた傷病名を医学的因果関係の順番で書いてください
◆I欄の傷病名の記載は各欄一つにしてください
ただし、欄が不足する場合は(エ)欄に残りを医学的因果関係の順番で書いてください

手術　1無 2有　部位及び主要所見　　手術年月日　令和 平成 昭和　年　月　日
解剖　1無 2有　主要所見

(15) 死因の種類
①病死及び自然死
外因死　不慮の外因死　2交通事故　3転倒・転落　4溺水　5煙、火災及び火焔による傷害　6窒息　7中毒　8その他
その他及び不詳の外因死〔9自殺　10他殺　11その他及び不詳の外因〕
12不詳の死

(16) 外因死の追加事項
傷害が発生したとき　令和・平成・昭和　年　月　日　午前・午後　時　分
傷害が発生したところの種別　1住居　2工場及び建築現場　3道路　4その他（　）
傷害が発生したところ　都道府県　市区郡　町村
手段及び状況
◆伝聞又は推定情報の場合も書いてください

(17) 生後1年未満で病死した場合の追加事項
出生時体重　　グラム　単胎・多胎の別　1単胎　2多胎（　子中第　子）　妊娠週数　満　週
妊娠・分娩時における母体の病態又は異状　1無 2有〔　　〕3不詳　母の生年月日　昭和 平成 令和　年　月　日　前回までの妊娠の結果　出生児　人　死産児　胎（妊娠22週以後に限る）

(18) その他特に付言すべきことがら

(19) 上記のとおり診断（検案）する　診断（検案）年月日　令和　年　月　日
本診断書（検案書）発行年月日　令和　年　月　日
（病院、診療所、介護医療院若しくは介護老人保健施設等の名称及び所在地又は医師の住所）　○○県○○市○○町○丁目○　番○号
（氏名）　医師　民事 太郎

記入の注意

- 生年月日が不詳の場合は、推定年齢をカッコを付して書いてください。
- 夜の12時は「午前0時」、昼の12時は「午後0時」と書いてください。
- 「5老人ホーム」は、養護老人ホーム、特別養護老人ホーム、軽費老人ホーム及び有料老人ホームをいいます。
- 死亡したところの種別で「3介護医療院・介護老人保健施設」を選択した場合は、施設の名称に続けて、介護医療院、介護老人保健施設の別をカッコ内に書いてください。
- 傷病名等は、日本語で書いてください。
  I欄では、各傷病について発病の型（例：急性）、病因（例：病原体名）、部位（例：胃噴門部がん）、性状（例：病理組織型）等もできるだけ書いてください。
- 妊娠中の死亡の場合は「妊娠満何週」、また、分娩中の死亡の場合は「妊娠満何週の分娩中」と書いてください。産後42日未満の死亡の場合は「妊娠満何週産後満何日」と書いてください。
- I欄及びII欄に関係した手術について、術式又はその診断名と関連のある所見等を書いてください。紹介状や伝聞等による情報についてもカッコを付して書いてください。
- 「2交通事故」は、事故発生からの期間にかかわらず、その事故による死亡が該当します。
- 「5煙、火災及び火焔による傷害」は、火災による一酸化炭素中毒、窒息等も含まれます。
- 「1住居」とは、住宅、庭等をいい、老人ホーム等の居住施設は含まれません。
- 傷害がどういう状況で起こったかを具体的に書いてください。
- 妊娠週数は、最終月経、基礎体温、超音波計測等により推定し、できるだけ正確に書いてください。
- 母子健康手帳等を参考に書いてください。

第5章 準備及び履行

【参考書式17】 火葬許可証・埋葬許可証（死体埋・火葬許可申請書）

別記様式第1号（第4条関係）

注 死後二四時間を経てから埋・火葬すること。

			死体埋・火葬許可申請書		
(1)	死亡者	住　　所	○○市○○町○丁目○番○号		
(2)		本　　籍	○○市○○町○丁目○		
(3)		氏　　名 性　　別 生年月日	甲野　花子	男・⊛（女）	昭和○○年○○月○○日生
(4)		死亡年月日	令和○年　○月　○日	㊝（午前）・午後○○時○○分	
(5)		死　　因	脳出血	㊝（その他）	
(6)		死亡の場所	○○市○○町○丁目○番○号		
(7)		埋・火葬の場所	○○斎場		
(8)		埋・火葬の日時	令和○年　○月　○日	㊝（午前）・午後○○時○○分	

(9) 　上記死体の埋・火葬を申請します。

　　　　　　　　　　　　　　申請者　住所　○○市○○町○丁目○番○号
　令和○年　○月　○日
　　　　　　　　　　　　　　　　　　氏名　甲野　健太

　　　○○市長　宛　　　　　　　　　　　　死亡者の
　　　　　　　　　　　　　　　　　　　　　同居していない親族

※死亡届の届出義務者（届出人）が申請者となる

使用料・手数料	火葬場使用料		円	備考	
	合計		円		

（近江八幡市火葬場条例施行規則別記様式第1号（第4条関係）「死体埋・火葬許可申請書」を加工して作成）

第２　病院・高齢者施設に関する準備及び履行

＜フローチャート～病院・高齢者施設に関する準備及び履行＞

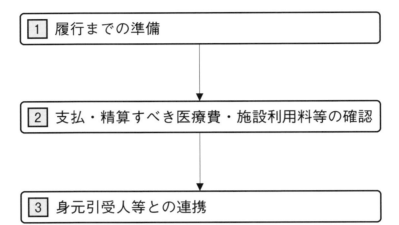

1 履行までの準備

◆死後事務委任契約締結後の定期連絡

　死後事務委任契約に基づく委任事務の履行は、相談者（委任者）死亡の事実を把握でき次第、速やかに取り掛かる必要があります。

　そのため、受任者が相談者（委任者）死亡の事実を速やかに認知することが求められます。

　死後事務委任契約と併せて見守り契約や財産管理契約を締結している場合や、任意後見契約を締結し、任意後見監督人の選任を受けて任意後見人としての業務を開始している場合には、その業務遂行上、受任者は相談者（委任者）の心身の状態を把握しやすいと思われますが、そうでない場合でも、受任者が相談者（委任者）に対して定期的に連絡をとったり、相談者（委任者）と関わる方々（病院、高齢者施設、家主、ケアマネジャー等）と常日頃から連携したりして、相談者（委任者）の緊急時には速やかに受任者へ連絡してもらえるような態勢を整えておくことが望ましいでしょう（詳しくは、第3章6や第4章参照）。

2 支払・精算すべき医療費・施設利用料等の確認

　病院との入院契約、高齢者施設等との入所契約は、契約内容にもよりますが、死亡により当然に終了することが多いため、相談者（委任者）の死亡後に改めて入院契約や入所契約を解約する必要はなく、病院や高齢者施設等との関係では、主に医療費や施設利用料等の支払や精算、相談者（委任者）の私物の引取り等が問題となります。

　死後事務委任契約に基づく委任事務の履行に着手した場合には、相談者（委任者）が入院していた病院や入居していた高齢者施設等に連絡をし、未払の医療費や施設利用料等の内容及び金額を照会するとともに、引取りの必要のある私物を確認し、対応を進めることになります。

3　身元引受人等との連携

　病院への入院や高齢者施設等への入所に当たり、相談者（委任者）の親族や友人、知人等が身元引受人等になっていて死後事務委任契約の受任者が身元引受人等の補助業務を行うこととなっている場合には、対病院、対高齢者施設等との関係で直接責任を負っているのは身元引受人等ですが、受任者としては、速やかに病院や高齢者施設等に連絡をとり、相談者（委任者）との死後事務委任契約によって身元引受人等の補助業務を受任していることを伝え、受任者が病院や高齢者施設等との連絡窓口となって、身元引受人等に適宜報告しつつ、医療費や施設利用料等の支払や精算、相談者（委任者）の私物の引取り等への対応を進めることになります。

　医療費や施設利用料等の支払や精算に当たっては、相談者（委任者）から預託を受けた預り金があれば預り金の中から支払うことになりますが、相談者（委任者）から預託を受けた預り金がない場合には、相談者（委任者）の相続人や身元引受人等に対してその金銭的負担を求めることになります。

　なお、相談者（委任者）から預託を受けた預り金がある場合には、死後事務委任契約における委任事務が全て終了した時点で残った預り金を相続人又は相続財産清算人に対して返還することになります。

ケーススタディ

Q　入居者死亡による退去に当たり、高齢者施設等から原状回復費用について請求されることはあるのでしょうか。

A　高齢者施設等との入所契約は、建物賃貸借契約としての性質も有していることから、通常の賃貸借契約の場合と同様に、退去に当たり原状回復費用の支払義務を負うこともあり得ます。

　高齢者施設等の原状回復費用については、厚生労働省の「有料老人ホームの設置運営標準指導指針」（平14・7・18老発0718003）において、国土交通省の「原状回復をめぐるトラブルとガイドライン（再改訂版）」を参考にすることとされていますが、このガイドラインでは、経年変化、通常の使用による損耗等の修繕費用は賃料に含まれるとの基準が示されています。また、2020年4月施行の改正民法で、

「通常の使用及び収益によって生じた賃借物の損耗並びに賃借物の経年変化」は原状回復の対象とならないことが明記されています（民621）。

　入居者死亡による退去に当たり、高齢者施設等から原状回復費用が請求されることも考えられますが、この場合には、請求された内容が、経年変化や通常の使用による損耗を超えた入居者側の原因による毀損等に関するものなのかが問題となります。私物を整理して持ち帰るなどし、入居していた部屋を明け渡す際は、高齢者施設等の職員等にも立ち会ってもらい、部屋の状態を両者で確認して、トラブルの発生を防止することが望ましいでしょう。

第3　行政機関への届出に関する準備及び履行

<フローチャート～行政機関への届出に関する準備及び履行＞

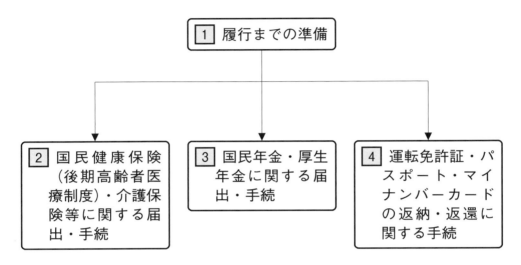

1　履行までの準備

　相談者（委任者）が死亡した後、行政機関に対する様々な届出が必要となります。

　例えば、国民健康保険、介護保険、国民年金・厚生年金の資格喪失等に関する届出、運転免許証・パスポート・マイナンバーカード等に関する届出等多岐にわたります。

　相談者（委任者）にこのような手続を行うことのできる相続人や親族がいない場合、相談者（委任者）は、自らが死亡した後の様々な手続がそのまま放置されることを懸念して、死後事務委任契約の締結を希望することになるものと思われます。このため、当該契約において相談者（委任者）の死亡後の行政機関に対する各種の届出が盛り込まれている場合には、確実にこれらの手続を遂行できるか、すなわち、当該手続について届出をすることができる者は誰か、届出をする際の必要書類等手続の要件や内容を事前に確認しておくことが重要です。

　また、行政機関に対する各種の手続については、死後事務委任契約締結後に法令等の改正によってその手続の要件や内容が変更される場合もあります。

　このため、当該契約締結後、その手続の要件や内容について確認しておくとともに、その後の法令等の改正の有無及びその内容についても注意を払っておく必要があります。

2　国民健康保険（後期高齢者医療制度）・介護保険等に関する届出・手続

　相談者（委任者）の国民健康保険（後期高齢者医療制度）及び介護保険については、死亡届が提出されることにより資格が喪失することになります。

　死亡後の手続としては、受任者は、相談者（委任者）の国民健康保険証（後期高齢者医療被保険者証）及び介護保険被保険者証を市町村役場に持参した上で、資格喪失届を提出することになります。ただし、市町村役場によっては、国民健康保険及び介護保険については資格喪失届の提出そのものが不要とするところもあるようです。相談者（委任者）の健康保険料に係る年金からの天引きや口座振替を中止する手続は特に必要ありません。

　手続の具体的な方法については市町村役場によって異なりますので、相談者（委任者）が居住している市町村役場に確認しておくことが重要です。

なお、被保険者であった相談者（委任者）の保険料に未納がある場合は相談者（委任者）の相続人に対して請求されることになります。

反対に、保険料の還付や高額療養費の支給がある場合については、相談者（委任者）の相続人が市町村役場に対して申請することによって還付・支給を受けることができるため、受任者は、相続人に対して死後事務に関する報告をする際に、保険料の還付や高額療養費の支給があることを案内しておくことが望ましいものと思われます。

3 国民年金・厚生年金に関する届出・手続

相談者（委任者）が年金を受給している場合には、相談者（委任者）の死亡後、年金事務所に対して受給権者死亡届を提出する必要があります。その際、相談者（委任者）の年金証書・死亡の事実を明らかにできる書類（住民票除票・除籍謄本・死亡届等）を添付して提出することになります。

手続の具体的な方法については、提出先となる年金事務所に対して事前に確認しておくことが重要です。

なお、相談者（委任者）が死亡した当時、相談者（委任者）と生計を同じくしていた①配偶者、②子、③父母、④孫、⑤祖父母、⑥兄弟姉妹、⑦その他①～⑥以外の3親等以内の親族は、未支給年金を受け取ることができます。

未支給年金がある場合には、受任者は、未支給年金の受給権者である相続人に対して死後事務に関する報告をする際に、未支給年金があることを案内しておくことが望ましいものと思われます。

4 運転免許証・パスポート・マイナンバーカードの返納・返還に関する手続

相談者（委任者）が運転免許証を保有している場合には、管轄の警察署や運転免許更新センター等に運転免許証を持参して返納することが考えられます。受任者は、相談者（委任者）の運転免許証のほか、相談者（委任者）の死亡の事実を明らかにできる書類（住民票除票・除籍謄本・死亡届等）と受任者の本人確認書類を持参する必要がありますが、具体的な手続については、事前に管轄の警察署や運転免許更新センタ

一等に確認しておくことが望ましいものと思われます。

　相談者（委任者）がパスポートを保有している場合には、パスポートをパスポートセンター等に返納する義務があります。受任者は、相談者（委任者）のパスポートと相談者（委任者）の死亡の事実を明らかにできる書類（住民票除票・除籍謄本・死亡届等）と受任者の本人確認書類を持参した上で、パスポートセンター等において返納届を作成してパスポートを返納することになります。死後事務委任契約の受任者においてパスポートの返納が可能か、返納手続の内容等を事前にパスポートセンター等に対して確認しておく必要があります。

　相談者（委任者）がマイナンバーカードを保有している場合には、市町村役場に返還することができます。死後事務委任契約の受任者において返還することは可能であると思料しますが、具体的な手続については、事前に市町村役場に確認しておくことが望ましいといえます。

【参考書式18】 介護保険資格喪失届

様式第1号（第2条関係）

令和〇 年 〇 月 〇 日

〇〇 市 長　様

介護保険資格取得・喪失届

介護保険法の規定に基づき次のとおり届け出ます。

被保険者番号	〇〇〇〇〇〇〇〇〇〇
個 人 番 号	〇〇〇〇〇〇〇〇〇〇〇〇

本人の氏名等を記入してください。

被保険者	フリガナ	コウノ ハナコ	性別	男・㊛	世帯主との続柄	本人
	氏　名	甲野　花子				
	生年月日	明・大・㊼ 〇 年 〇 月 〇 日				
	住　所	〒〇〇〇-〇〇〇〇　〇〇市〇〇町〇丁目〇番地〇号　電話番号〇〇〇（〇〇〇）〇〇〇〇				

資格異動年月日	令和〇 年 〇 月 〇 日 （ 取得・㊕失 ）

該当する項目に〇をつけてください。

取　得　事　由	喪　失　事　由
1　適用除外非該当	①　死亡
2　その他（　　　　　　）	2　適用除外該当
	3　その他（　　　　　　）

本人が世帯主でない場合は，記入してください。

世帯主	氏　名		性別	男・女
	生年月日	明・大・昭　　年　　月　　日		

届出人が本人以外の場合は，記入してください。

届出人	氏　名	弁護士　乙野　一郎	本人との関係	代理人
	住　所	〒〇〇〇-〇〇〇〇　〇〇市〇〇町〇〇番地〇〇号　〇〇法律事務所　電話番号〇〇〇（〇〇〇）〇〇〇〇		

注意・この届出には，介護保険被保険者証を添えてください。

※被保険者（相談者・委任者）によっては高額医療費制度等の利用があるため，
　提出前に自治体への確認が必要となる。

（水戸市介護保険規則様式第1号（第2条関係）「介護保険資格取得・喪失届」を加工して作成）

第５章　準備及び履行

【参考書式19】　受給権者死亡届（報告書）

様式第５１５号

受付登録コード
| 1 | 8 | 5 | 0 | 1 |

入力処理コード
| 7 | 4 | 5 | 0 |

国民年金・厚生年金保険・船員保険・共済年金・年金生活者支援給付金

受給権者死亡届（報告書）

死亡した受給権者

❶ 基礎年金番号および年金コード

基礎年金番号	年金コード（複数請求する場合は右の欄に記入）
○○○○ ○○○○ ○○○○	○○○○

❷ 生年月日：明治・大正・㊰㊥・平成・令和　○○年○○月○○日

㋐（フリガナ）コウノ　ハナコ
氏名　（氏）甲野　（名）花子

❸ 死亡した年月日：昭和・平成・㊵㊨　○○年○○月○○日

届出者

❺（フリガナ）オツノ　イチロウ
氏名　（氏）乙野　（名）一郎

❻ 続柄　※続柄　死後事務委任契約受任者

❼ 未支給　有・無

❽ 郵便番号　○○○-○○○○
㋑ 電話番号　○○○-○○○-○○○○

❾（フリガナ）※住所コード　○○シ○○チョウ　○○バンチ○○ゴウ○○ホウリツジムショ
住所　○○市○○町　市区町村　○○番地○○号○○法律事務所

送信

◎ 未支給の年金・給付金を請求できない方は、死亡届（報告書）のみご記入ください。

◎ 死亡届のみを提出される方の添付書類
　１．死亡した受給権者の死亡の事実を明らかにすることができる書類
　　（個人番号（マイナンバー）が収録されている方については不要です）
　　・住民票除票
　　・戸籍抄本
　　・死亡診断書（コピー可）　　　　　　　などのうち、いずれかの書類
　２．死亡した受給権者の年金証書
　　年金証書を添付できない方は、その事由について以下の事由欄にご記入ください。
　　（事由）
　　　　ア、廃棄しました。　　　　　（　　　　年　　月　　日）
　　　　イ、見つかりませんでした。今後見つけた場合は必ず廃棄します。
　　　　ウ、その他（　　　　　　　　　　　　　　　　　　　　　）

㋕ 備考

市区町村受付年月日

実施機関等受付年月日

令和○年○月○日 提出

年金事務所記入欄
※遺族給付同時請求　有（上・外）・無
※未支給請求　有・無

第4 住居に関する準備及び履行

<フローチャート～住居に関する準備及び履行>

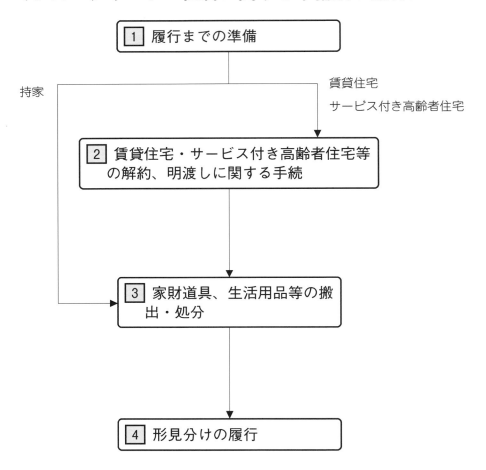

1　履行までの準備

（1）　賃貸住宅・サービス付き高齢者住宅等の解約、明渡しに関する手続

　相続人の承諾を得られているか否かによって賃貸借契約の解約や賃借物件の明渡しに関する手続が大きく変わってきます。相続人の承諾を得られている場合には、賃貸人に賃貸借契約の解約を申し入れて賃借物件の明渡しを進めていくことになります。しかし、相続人の承諾を得られていない場合には、賃貸人への賃貸借契約の解約の申入れがスムーズに進まない可能性があります（第2章第4②（2）参照）。したがって、賃貸借契約の解約や賃借物件の明渡しをスムーズに行うためにも、賃貸借契約の解約に関して相続人の承諾を得ることに努めましょう。

　また、いずれにせよ、賃貸借契約の解約や賃借物件の明渡しに関しては賃貸人と連絡を取ることが不可欠ですので、履行までの準備として賃貸借契約書等を入手するなどした上で、賃貸人の連絡先を把握しておきましょう。

　さらに、賃貸借契約において、相談者（委任者）が賃貸人へ敷金・保証金を差し入れていた場合には、賃貸借契約の終了時に、敷金・保証金の残額が返還される可能性があります。そのため、敷金・保証金を差し入れているか賃貸借契約書等で確認しておきましょう。

（2）　家財道具、生活用品等の搬出・処分

　相談者（委任者）が居住していた賃借物件を賃貸人に明け渡すためには、賃借物件内の家財道具、生活用品等の搬出・処分が必要となります。ただし、賃借物件内の家財道具、生活用品等の種類や量によっては、搬出・処分を行うにも想定外の費用や手間を要する場合があり得ます（第2章第4③参照）。

　したがって、相談者（委任者）の賃借物件内にどのような動産が存在するか、その量はどの程度か、産業廃棄物等処分する際に特別な処理が必要な物は存在しないか等を事前に把握しておきましょう。

（3）　形見分けの履行

　死後事務委任契約の受任者が委任事務として相談者（委任者）から形見分けを依頼

されている場合、死後事務委任契約の締結時に、形見分けの対象となる動産や、形見分けの相手方の連絡先等の情報については既に説明を受けており、それらの情報が死後事務委任契約書にも記載されていると思われます。そうすると、相談者（委任者）の死亡後は、死後事務委任契約書に記載されているとおりに死後事務の履行を進めていけばよいことになります。

しかし、相談者（委任者）が形見分けの対象となる動産を紛失している、生前に処分しているなど、死後事務の履行時に対象となる動産が存在しない場合も考えられます。したがって、死後事務委任契約の受任者は、相談者（委任者）が形見分けを希望している動産が存在しているか事前に確認しておくべきです。

また、形見分けの相手方の連絡先等の情報が実は誤っていた場合や、死後事務委任契約の締結時から連絡先等が変更されている可能性もあります。形見分けの相手方と連絡が取れなければ形見分けを履行することに困難が伴います。そのため、当該契約の受任者が把握している形見分けの相手方の連絡先等の情報が正確か改めて確認しておきましょう。

2 賃貸住宅・サービス付き高齢者住宅等の解約、明渡しに関する手続

相談者（委任者）が居住していた賃貸住宅・サービス付き高齢者住宅等の解約、明渡しに関する手続については、賃貸借契約の処理が主な業務となります。

（1） 賃貸借契約の解約、賃借物件の明渡しと相続人の承諾の有無

◆相続人の承諾がある場合

相談者（委任者）が居住していた賃借物件に係る賃貸借契約の解約について、相談者（委任者）の相続人の承諾を得ることができている場合には、通常どおり、賃貸借契約の解約、明渡しに関する手続を進めましょう。

すなわち、賃貸人に対し、賃貸借契約の解約を申し入れて、賃貸人との間で具体的な明渡し時期について賃貸借契約書の内容等も踏まえて協議しましょう。なお、賃貸人に対し、解約を申し入れる際には、相談者（委任者）の相続人の承諾を得ていることを併せて伝えておけば、手続はスムーズに進むと思われます。

◆相続人の承諾がない場合

　相談者（委任者）が居住していた賃借物件に係る賃貸借契約の解約について、相談者（委任者）の相続人の承諾を得ることができていない場合であっても、ひとまずは、賃貸人に対し、賃貸借契約の解約を申し入れましょう。このとき、賃貸人から特に何も異議が出ないようであれば、その後の手続を粛々と進めていけばよいでしょう。

　他方で、賃貸人から、相談者（委任者）の相続人の承諾を得るよう求められた場合には対応を検討する必要があります。このとき、相談者（委任者）の相続人の承諾を得られるのであれば、賃貸人の求めるとおりに進めるのがトラブルにもならずよいと思われます。

　しかし、必ずしも相続人の承諾を得られるケースばかりではありませんし、そもそも相続人に連絡がとれないといった状況も想定されます。このような場合、死後事務委任契約の受任者が、受任者としての地位に基づき、賃貸借契約を解約するといった方法を検討する必要があります。

　そもそも、死後事務委任契約を締結する場合、相談者（委任者）の死亡によっては委任契約は終了しないと規定することが通常であり、かかる規定の存在によって、委任契約が終了しないことはもちろん、相談者（委任者）から受任者に対して付与された代理権についても同様に消滅しないと考えられています（於保不二雄ほか編『新版注釈民法（4）総則（4）』321・322頁（有斐閣、2015））。

　したがって、賃貸借契約の解約に関する代理権も、相談者（委任者）の死亡によっては消滅しないと解釈することが可能です。

　そうすると、賃借人の相続人は、「受任者に対して賃貸借契約を解約する代理権を付与した委任者としての地位」を承継すると解釈し得る結果、受任者は賃貸借契約の解約に関する賃借人の相続人の承諾を得ることは不要であると考えることができます。

　したがって、死後事務委任契約の受任者が、受任者としての地位に基づき、賃借人の相続人の承諾を得ることなく賃貸借契約の解約権を行使することも一応は可能であると思われるため、賃貸人に対しては、そのあたりを念頭に置いた上で解約の申入れをしましょう（**【参考書式20】**賃借人死亡の場合の契約解除権が受任者にある旨の通知書参照）。

（2） 敷金・保証金の受領方法の確認

　相談者（委任者）が賃貸人に敷金や保証金を差し入れていたとしても、それらが返還されるのは、あくまでも残額が存在する場合のみです。返還を受けるべき残額が存

在するかは、賃貸借契約の終了時点における賃料の滞納の有無や、明渡しに伴う原状回復費用の額等によって左右されますが、このあたりの算定は一般的に賃貸人が行うことが多いです。

　もっとも、一般論として、賃貸借契約の解約の場面において、不当に高額な原状回復費用等を請求されるケースもあります。そのため、受任者としては、賃貸人が算定している原状回復費用等が適切な金額であるか注意して確認しなければなりません。仮に、原状回復費用等に疑義がある場合には、賃貸人に算定根拠を確認した上で、必要があれば、原状回復費用等の減額を求めるべく賃貸人との間で交渉をしましょう。

　敷金や保証金が返還されることになった場合には、これらを返還するための振込先口座を指定する必要があります。通常は、振込先口座を記入する書面が賃貸人から交付されることになりますので、その書面に必要事項を記入して賃貸人に渡せばよいです（振込先口座については、第2章第4 2 (3) 参照）。

　なお、当然のことながら、振込先口座の取引履歴を確認して、敷金や保証金が賃貸人から実際に返還されたか確認しなければなりません。

3　家財道具、生活用品等の搬出・処分

(1)　家財道具、生活用品等の搬出・処分

　相談者（委任者）の賃借物件から家財道具、生活用品等の搬出・処分を行うこととなった場合には、具体的な業務を誰が行うか検討しなければなりません。家財道具、生活用品等が少量であれば、受任者において搬出・処分を行うことも考えられます。しかし、家財道具、生活用品等が多量であれば、業者に搬出・処分を依頼せざるを得ません。仮に、業者に搬出・処分を依頼する場合には、トラブル防止のためにも受任者において搬出・処分に立ち合うべきです。

　搬出・処分を誰が行うとしても、相続人との間でのトラブルを防止するために、搬出・処分を行う前に相続人に対し、搬出・処分を行うことをあらかじめ伝えておきましょう。このとき、相続人から家財道具、生活用品等の一部を引き取る意向が示された場合には、相談者（委任者）が作成した遺言の有無や内容、死後事務委任契約の内容、他の相続人との間でトラブルを引き起こすことにならないか等を踏まえて、引取りを認めるか検討する必要があります。

　また、搬出・処分を行った家財道具、生活用品等については一覧表を作成しておく

べきであり、一覧表の明確化に資するため、家財道具、生活用品等の写真を撮影しておくことも検討の余地があります。

なお、家財道具、生活用品等の処分を行う際には、遺言との関係に注意する必要があります。すなわち、相談者（委任者）が遺言の中で、「居宅内の動産は全て〇〇に相続させる」、「その他の財産は全て〇〇に相続させる」という条項を定めていた場合には、受任者において家財道具、生活用品等を処分することはできません。なぜなら、受任者による家財道具、生活用品等の処分が遺言との抵触を生じさせることになるためです。

このような遺言が存在する場合には、家財道具、生活用品等の処分を履行することはできませんので、委任事務の履行不能を理由として、死後事務委任契約を解除することができます。

解除の区分としては、委任事務の全部の履行が不能である場合（家財道具、生活用品等の処分のみが委任事務となっているような場合であり、通常は考えにくいでしょう。）、死後事務委任契約の全てを解除することができます（民542①一）。また、委任事務の一部の履行が不能である場合であっても、残存する部分のみでは契約をした目的を達することができないときにも、死後事務委任契約の全てを解除することができます（民542①三）。さらに、委任事務の一部の履行が不能である場合には、死後事務委任契約の一部の解除をすることもできます（民542②一）。

（2） 神具、仏具等の処分

対象となる家財道具、生活用品等の中に、神具、仏具等が存在する場合には、その具体的な処分方法は各宗派によって異なりますので、それぞれの神社や寺の指示に従って処分を進めましょう。

なお、相談者（委任者）が遺言の中で、祭祀承継者を指定している場合には注意が必要です。祭祀承継者が指定されている場合、神具、仏具等といった祭祀財産は祭祀承継者に承継されることになりますので、これを処分してしまうと遺言との抵触が生じるばかりか、祭祀承継者との間でトラブルとなります。

このような遺言が存在する場合には、神具、仏具等の処分をすることはできませんので、委任事務の履行不能を理由として、死後事務委任契約を解除することができます（解除の区分は前記（1）のとおりです。）。

4　形見分けの履行

（1）　遺言の有無・内容の確認

　形見分けの履行については、遺言との抵触の可能性があります（第2章第4 4 参照）。したがって、まずは、相談者（委任者）が作成した遺言が存在しないか確認する必要があります。

　遺言が存在しない場合には、死後事務委任契約の内容に従って、形見分けを順次履行していくことになります。

　他方で、遺言が存在する場合には、「居宅内の動産は全て○○に相続させる」、「その他の財産は全て○○に相続させる」という条項が存在しないか確認する必要があります。このような条項が存在する場合には、形見分けを履行することはできません。その場合、委任事務の履行不能を理由として、死後事務委任契約を解除することができます（解除の区分は前記 3 （1）のとおりです。）。

（2）　形見分けの履行

　形見分けが履行不能に当たらない場合には、形見分けの履行として、対象となる動産を形見分けの相手方に引き渡していくことになります。このとき、どのような動産を引き渡したか明らかにしておくために、形見分けの相手方から受領書を受け取っておくべきです。受領書の記載内容としては、対象となる動産が何か特定できる形式が望ましいですが（宝石等の貴金属であれば鑑定書や鑑別書、家電製品であればメーカー名や型番等で特定をします。）、特定が困難な場合もあり得ます。このようなときは、受領書には「動産一式（別添写真のとおり）」等と記載し、引き渡した動産を写真で撮影しておくといった方法を検討するとよいでしょう。

> ケーススタディ

Q　相談者（委任者）から、自らの死亡後、相談者（委任者）の息子であるAに対し、形見分けをしてほしいとの依頼を受けました。形見分けの対象となる動産を確認したところ、宝石が複数点あるとのことで、それなりの財産的価値がありそうです。

なお、相談者（委任者）とAとの間には複雑な事情があるようで、相談者（委任者）によれば、Aは相談者（委任者）の相続に関し、相続の放棄の申述を考えているそうです。何か留意する点はありますか。

A　形見分けの相手方が相談者（委任者）の相続人である場合、動産の受領が法定単純承認（民921一）に該当する可能性があります。
　故人が生前着用していた衣類や古い家財道具等財産的価値のない動産については、それを相続人が受領しても単純承認事由には該当しないとされていますが、財産的価値の有無についてはその線引きが難しく、一定の財産的価値があると思われる場合は、当該動産の受領が単純承認に当たる可能性があることを説明した上で、当該動産を引き渡す方が望ましいでしょう。
　本ケースにおいては、形見分けの対象となる動産は宝石が複数点であり、それなりの財産的価値があるように思われますので、法定単純承認に該当する可能性があります。したがって、死後事務委任契約の締結時に、相談者（委任者）に対し、法定単純承認に該当することを説明することはもちろん、相談者（委任者）の死亡後、形見分けを履行する際に、Aに対しても同様の説明を行っておくべきです。

【参考書式20】　賃借人死亡の場合の契約解除権が受任者にある旨の通知書

令和〇年〇月〇日

〇〇〇〇殿

〒〇〇〇-〇〇〇〇
〇〇県〇〇市〇〇町〇丁目〇番〇号
〇〇法律事務所
弁護士　〇〇〇〇
TEL　〇〇-〇〇〇〇-〇〇〇〇
FAX　〇〇-〇〇〇〇-〇〇〇〇

賃貸借契約解約通知書

拝啓　時下ますますご清祥のこととお慶び申し上げます。
　さて、当職は、A氏より委任を受けた弁護士です。A氏は、貴殿から下記物件（以下「本物件」といいます。）を賃借しておりましたが、この度、逝去いたしました。
記
　物件所在地：〇〇県〇〇市〇〇町〇丁目〇番〇号
　物　件　名：〇〇ハイツ201号室
　当職は、A氏の生前に、A氏の死亡後の事務に関して委任を受けており、本物件の賃貸借契約の解約及び明渡しについても委任事項とされております（別添の死後事務委任契約書第〇条をご覧ください。）。
　そこで、当職としましては、A氏からの委任に基づき、本物件の賃貸借契約を解約したく存じますので、本書をもって貴殿に対し、解約を通知いたします。つきましては、本物件の明渡し時期等について協議させていただきたく存じます。
　なお、A氏には相続人がおられますが、当職はA氏より本物件の賃貸借契約を解約する代理権を付与されておりますので、当職が賃貸借契約の解約をするに当たってA氏の相続人の承諾を得る必要はありません。
　本書の内容についてご不明な点等がございましたら、ご遠慮なく当職までご連絡ください。

敬具

※別添　死後事務委任契約書〔省略〕

第5　公共・通信サービスに関する準備及び履行

＜フローチャート～公共・通信サービスに関する準備及び履行＞

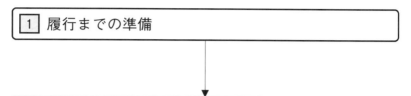

1 履行までの準備

　死後事務委任契約に基づく委任事務の履行は、相談者（委任者）死亡の事実を把握でき次第、速やかに取り掛かる必要があります。

　電気、ガス、水道等や携帯電話、インターネット等の生活に密接に関連する様々な役務提供（サービス供給）契約については、相談者（委任者）がこれらの契約の相手方や内容等を変更した場合には、死後事務委任契約締結の際に聴き取った内容が意味をなさなくなってしまう可能性があります。

　このことから、相談者（委任者）が解約を希望するこれらの契約について変更があった場合には、その内容を死後事務委任契約の受任者に連絡するよう依頼しておくことが好ましいといえます。

　また、推定相続人がいる場合には、推定相続人が必要に応じて相談者（委任者）にとって経済的な負担の少ない契約に変更したり、不要になった契約の解約手続を行っていたりすることも想定できます。

　推定相続人との関係が円満で、受任者において推定相続人ともコミュニケーションが取れる場合には、推定相続人に対しても同様に、これらの契約に変更があった場合には、その内容を死後事務委任契約の受任者に連絡するよう依頼しておくことで、円滑に解約手続に着手することができます。

2 解約手続に応じてもらえない場合の相続人・相続財産清算人への引継ぎ等

　相談者（委任者）が死亡すると、受任者は、死後事務委任契約に基づいて速やかに解約手続を進めることになります。

　しかしながら、定型約款で解約権者が限定されている、過去に例がないなどといった理由で死後事務委任契約の受任者による解約手続に応じてもらえないケースも想定できます。

　電気、ガス、水道等や携帯電話、インターネット等の生活に密接に関連する契約については、当該サービスを利用していなかったとしても基本利用料等の利用料金の支払義務が発生することが多く、いたずらに手続を長期化させてしまうと相続人や利害関係人との間でトラブルを発生させる原因にもなりかねません。

このことから、死後事務委任契約の受任者において、当該契約に基づく解約手続に応じてもらえないことが確認できた場合には、速やかに相続人又は相続財産清算人に解約手続を引き継ぎましょう。

　相続人がいない、相続人が引継ぎを拒絶する、又は相続財産清算人が選任されていないなどの理由によって、解約手続を引き継げない場合には、利用料金を複数回滞納することで、利用料金の滞納を原因とする契約の相手方からの解約によって契約関係を終了させたりすることも検討することになります。

【参考書式21】　公共・通信サービス解約手続に係る事項

電　気	サービス提供事業者	○○電力株式会社
	契約名	甲野太郎
	契約番号（お客様番号）	○○－○○○○○○○○
	解約時の問合せ先	○○－○○○○－○○○○
	ログイン情報	
	ID	○○○○
	パスワード	○○○○○○○○
	引継希望	（ 有 ・ ⊕無⊕ ）
	引継希望者の氏名	
	連絡先	
	その他備考	なし

ガ　ス	サービス提供事業者	○○ガス株式会社
	契約名	甲野太郎
	契約番号（お客様番号）	○○－○○○○○○○○
	解約時の問合せ先	○○－○○○○－○○○○
	ログイン情報	
	ID	○○○○
	パスワード	○○○○○○○○
	引継希望	（ 有 ・ ⊕無⊕ ）
	引継希望者の氏名	
	連絡先	
	その他備考	なし

水　道	契約名	甲野太郎
	契約番号（お客様番号）	○○－○○○○○○○○
	解約時の問合せ先	○○－○○○○－○○○○
	引継希望	（ 有 ・ ⊕無⊕ ）
	引継希望者の氏名	
	連絡先	
	その他備考	なし

インターネット	サービス提供事業者	○○○○
	契約名	甲野太郎
	契約番号（お客様番号）	○○－○○○○○○○○
	解約時の問合せ先	○○－○○○○－○○○○
	ログイン情報	
	ID	○○○○
	パスワード	○○○○○○○○
	引継希望	（ 有 ・ ⊕無⊕ ）
	引継希望者の氏名	
	連絡先	
	その他備考	なし

第6　デジタル遺品に関する準備及び履行

＜フローチャート～デジタル遺品に関する準備及び履行＞

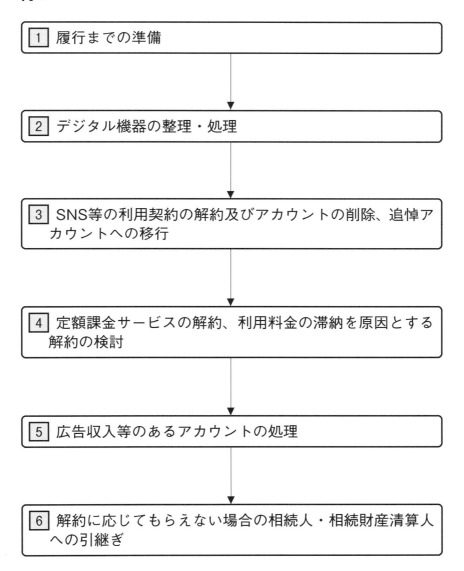

1 履行までの準備

（1） デジタル遺品の特定・整理 ■■■■■■■■■■■■■■■

　デジタル遺品については、インターネット上のアカウントやデジタルデータ、オフラインでのパソコン、スマートフォン、タブレット、携帯電話、USBメモリ等の記憶媒体に保存されたデジタルデータ等多種多様なものが存在します。死後事務委任契約を受任する際には、デジタル遺品に関して何を委任事務の対象とするか特定するとともに、相談者（委任者）が自らの死亡後デジタル遺品をどのように処理してほしいと考えているかなど相談者（委任者）の希望を聴き取るなどして整理しておかなければなりません。

　インターネット上のアカウントやデジタルデータについては、サービス名、サービス提供事業者、ログインID及びパスワード等のアクセス情報等アカウントを特定することができるだけの情報を把握しておくことが必要となります。また、パソコン、スマートフォン、タブレット、携帯電話、USBメモリ等がどこに保管されているかを把握しておく必要があります。

　対象となるデジタル遺品を特定した上で、相談者（委任者）が自らの死亡後デジタル遺品をどのように処理してほしいと考えているか、相談者（委任者）の希望に沿うことができるか検討していくことになります。

（2） サービス提供事業者・利用規約等の確認 ■■■■■■■■■■

　インターネット上のアカウントについては、サービス提供事業者が定めている利用規約等によって、死亡後のアカウントの取扱いやアカウント削除の際の手続、アカウントの譲渡や相続の可否及びその届出方法（必要書類を含みます。）が異なることになります。利用規約等において、任意の代理人に解約の権限がないとされることもあり得るでしょう。

　相談者（委任者）がアカウントの譲渡を希望したとしても、サービス提供事業者が利用規約等で譲渡を認めないため、相談者（委任者）の希望を実現できないこともあります。

　相談者（委任者）の死亡後でもアカウント機能を利用できる追悼アカウントという仕組みを用意している一部のサービス提供事業者もあります。

　各サービス提供事業者の利用規約等によってインターネット上のアカウントの死亡

後の取扱方法が変わり得るため、対象となる各サービスの利用規約等の内容及び具体的な手続を確認しておきましょう。

なお、インターネット上のサービスは、その内容や手続が頻繁に変更されますので、死後事務委任契約締結時に想定していた利用規約等が変更され、想定していた手続ができなくなる可能性があることを相談者（委任者）に説明しておくとよいでしょう。

（3） ログインＩＤ及びパスワード等のアクセス情報の確認、メールアドレスの確認

インターネット上のアカウントやデジタルデータを削除するには、利用規約等に従ってサービス提供事業者のヘルプセンター等に削除専用のフォームを送信するという方法があります。

もっとも、利用規約等では利用者が任意に定める代理人による削除を受け付けていないこともあります。

インターネットのサービス提供事業者には海外法人も多く、英語で書かれていない文書や証明書については、専門の翻訳者による英訳の添付が求められる可能性があること、インターネット上でアカウントを開設したときの氏名等の情報と除籍謄本や死亡診断書等の公的記録における氏名等の情報が一致しないために削除専用のフォームでの対応ができないこともあり得るでしょう。

そこで、事前に相談者（委任者）からログインＩＤ及びパスワード等のアクセス情報を聴き取り、相談者（委任者）の死亡後に受任者が自らログインして解約手続を行うことができるよう準備しておくとよいでしょう。ログインに際して、ログインＩＤ及びパスワードの入力以外に、二段階認証としてアプリの利用や、メールアドレス、携帯電話のショートメールサービス（SMS）にセキュリティコードを送信する形での追加認証を求められる場合もあります。

なお、相談者（委任者）のログインＩＤ及びパスワード等のアクセス情報を確認するという対応が、不正アクセス行為の禁止等に関する法律3条及び5条での不正アクセスに該当し得るかについても、相談者（委任者）の依頼に基づいてログインＩＤ及びパスワード等のアクセス情報を取得した上でアカウントの削除等を行うことになりますので、正当な理由に基づくアクセスであるとして、不正アクセスには該当しないと考えられます。

相談者（委任者）の希望する手続を実現するために、利用規約等を確認するとともに、ログインＩＤ及びパスワード等のアクセス情報を取得するなど委任事務を執り行うための準備をすることになるでしょう。

（４） 利用料金の有無・滞納による契約解除の可能性の確認

インターネット上のサービスについては、有料のものと無料のものがあります。

相談者（委任者）がデジタル遺品としての対応を希望するサービスの利用料金の有無を確認しておきましょう。

無料のサービスについては、利用規約等において長期間利用がない場合にアカウントの利用を停止するとの定めがない場合には、クレジットカードや口座振替による支払がないため、受任者が無料のサービスを利用していることに気付かないことが多いと思われます。この場合には、相談者（委任者）の死亡後もアカウントが残り続けるリスクがあります。そこで、相談者（委任者）が受任者に対し、無料のサービスを利用している旨を告げた上で、ログインＩＤ及びパスワード等のアクセス情報を伝え、委任事務としてアカウントの解約手続を依頼することが有意義です。

有料のサービスについても、相談者（委任者）が受任者に対し、委任事務としてアカウントの解約手続を依頼することがあり得ます。一方で、利用規約等で任意の代理人に解約の権限がないとされたり、ログインＩＤ及びパスワード等のアクセス情報を取得するなどしても二段階認証等により解約手続ができなかったりする場合があります。

相談者（委任者）がインターネット上のサービスについて解約手続を委任事務とすることを希望したとしても、前記のように解約手続が困難な場合には、利用料金を滞納することでサービス提供事業者からの解約の申入れを待つという方法もあり得ます。この場合には、解約手続が完了するまで利用料金を負担せざるを得ないこと等を相談者（委任者）に説明しておくとよいでしょう。受任者としては、利用規約等において、利用料金を滞納したときにアカウントが解約される旨が定められているか確認しておきましょう。

なお、利用料金が発生し続ける危険性がある場合には、受任者は、相続人に対し、同様の説明をした上で、相続人により解約手続を行ってもらう可能性があることを説明しておくことが好ましいでしょう。

（５） 解約手続に応じてもらえない場合の説明

インターネット上のアカウントやデジタルデータについては、利用規約等に従った削除専用のフォームでの申入れや、ログインＩＤ及びパスワード等のアクセス情報を聴き取った上で相談者（委任者）の死亡後にログインＩＤ及びパスワードを利用してアカウントやデジタルデータの削除を行うことができる場合があります。

しかし、インターネット上のサービスについては変化のスピードが速く、利用規約等は今後も変化していくことが想定されます。死後事務委任契約締結時に想定していた方法では、相談者（委任者）の死亡後に解約手続を実行することができない可能性も存在します。

　また、ログインに際して、ログインＩＤ及びパスワードの入力以外に、二段階認証としてアプリの利用や、メールアドレス、携帯電話のショートメールサービス（SMS）にセキュリティコードを送信する形での追加認証を求められるときは、事実上ログインが不可能となってしまうことになります。

　受任者としては、相談者（委任者）に対し、解約手続に応じてもらえない場合があること、この場合には受任者において責任を負うことができないことを説明し、死後事務委任契約においてその旨を明記しておくとよいでしょう。

2　デジタル機器の整理・処理

（1）　デジタル機器の整理

　デジタル遺品には、インターネット上のアカウントやデジタルデータ、オフラインでのパソコン、スマートフォン、タブレット、携帯電話、USBメモリ等の記憶媒体に保存されたデジタルデータ等多種多様なものが存在します。

　相談者（委任者）が所有している有体物であるデジタル機器に削除等一定の処理を依頼したいデジタルデータが記録されている場合には、対象となるデジタル機器がどこに保管されているかを把握することが必要になるでしょう。

　相談者（委任者）がデジタル機器に保存されている全てのデジタルデータの削除ではなく、デジタル機器に保存されている一部のデジタルデータの削除を希望している場合には、対象となるデジタルデータをあらかじめ特定しておく必要があります。

　なお、デジタル機器自体は動産として相続の対象となることが想定されます。相談者（委任者）にデジタル機器内のデジタルデータを相続人に見せたくないなどの事情がある場合には、死後事務委任契約における委任事務の履行として削除をするのではなく、生前にデジタル機器内のデジタルデータを削除しておくことも検討しましょう。

（2）　相続人との関係

　デジタル機器自体は動産であるため、相談者（委任者）が死亡した際には、相続財産として相続人が承継することになります。

デジタルデータそれ自体は無体物であるため所有権の対象とはなりませんが、有体物であるデジタル機器自体の相続に付随してデジタルデータも事実上相続人が引き継ぐことになるでしょう。なお、知的財産権の対象となるデジタルデータについては、別途、検討が必要となります。

相続人がデジタル機器の所有権を取得することで、デジタルデータの削除をしてもらうことが可能である場合には、相続人に委ねることになります。

一方で、相続人によるデジタルデータの削除に不安がある場合や、プライバシーに関わる情報等他人に知られたくない情報がデジタルデータに含まれる場合には、死後事務委任契約の委任事務とすることで受任者による削除の段取りをすることになります。

もっとも、デジタル機器自体は動産として相続の対象となるため、死後事務委任契約においてデジタル機器を廃棄するとの内容を盛り込んだ場合には、相続人とのトラブルを防止するため、デジタル機器を廃棄する前に相続人の意向を確認する旨を当該契約に盛り込むなどより慎重な対応が求められることになります。

(3) デジタル機器の処理

デジタル機器に保存されているデジタルデータを削除する方法には、電磁的削除と物理的破壊の2つの方法があります。

電磁的削除とは、パソコン・スマートフォン等における削除やフォーマット（初期化）を行うなどデジタルデータを適切な方式に従って削除することをいいます。もっとも、パソコン・スマートフォン等における削除やフォーマット（初期化）を行っただけでは、復元ソフトを利用することでデジタルデータの復元が可能となる場合があります。電磁的削除を行う場合には、データ抹消ソフトを利用したり、専門業者を利用したりすることで完全消去することを検討しましょう。

物理的破壊とは、文字どおり、デジタル機器の記憶装置を物理的に破壊することで復元を困難にすることをいいます。秘匿性が高いデジタルデータがある場合には、専門業者において物理的破壊を行うことを検討しましょう。

もっとも、デジタル機器自体は動産として相続の対象となり、相続人が承継することになります。遺言において動産に関する定めがある場合には、遺言と死後事務委任契約の内容が抵触する可能性もあります。遺言と死後事務委任契約の内容が抵触している場合には、相続人とのトラブルが予想されるため、遺言の有無及び内容も踏まえ、デジタル機器の処理の方法を検討しておくことになるでしょう。

3 SNS等の利用契約の解約及びアカウントの削除、追悼アカウントへの移行

（1） SNS等のアカウント・サービス提供事業者の特定

　相談者（委任者）がSNS等のアカウントの削除、追悼アカウントへの移行を希望している場合には、対象となるSNS等のサービス提供事業者を特定した上で、相談者（委任者）が作成しているアカウント、ログインＩＤ及びパスワード等のアクセス情報を特定し、利用規約等を確認していくことになります。

　SNS等については、国内だけでなく、海外法人を含む多種多様なサービス提供事業者が存在し、それぞれの利用規約等によって相談者（委任者）の死亡後の対応方法が変わってきます。

　死後事務委任契約を締結するに当たって、受任者は、対象となるSNS等のアカウントを特定した上で、アカウントの削除が受任者において可能であるかを確認することになります。アカウントの削除ができないことが判明した場合には、その旨の説明をした上で、当該契約にも盛り込んでおくとよいでしょう。

（2） 追悼アカウントへの移行

　SNS等のアカウントについては、利用規約等においてアカウント自体の譲渡や相続が禁止されていることがあります。

　そのため、相談者（委任者）がSNS等のアカウントについて死後事務委任契約において譲渡を希望したとしても、利用規約等ではアカウントの譲渡ができない可能性があります。

　そこで、FacebookやInstagram等の一部のサービス提供事業者は、追悼アカウントという仕組みを用意しています（第２章第６２(2)参照）。SNS等の利用者が亡くなった際に、追悼アカウント管理人を指定しておくことで、アカウントの管理や削除を設定できる場合があります。

　追悼アカウントを利用するための準備としては、各サービス提供事業者によって異なるため、ヘルプセンター等で確認しておくことになります。

　生前にSNS上で友人のアカウントを追悼アカウント管理人に指定しておくなど事前の準備が必要となることがあります。

　相談者（委任者）が追悼アカウントへの移行を希望している場合には、各サービス

提供事業者において追悼アカウントが設定できるか、具体的な設定方法や事前準備としての登録方法を調べておくとよいでしょう。

（3） SNS等のアカウントの削除

相談者（委任者）がSNS等のアカウントの削除を希望している場合には、利用規約等に基づく削除と、アカウントのログインＩＤ及びパスワード等のアクセス情報を利用して削除を行う方法についてそれぞれ確認しておきましょう。

利用規約等に基づく削除を想定している場合には、利用規約等の内容やヘルプセンター等への連絡方法を確認することになります。

削除のリクエストの手続、削除の申請時に必要となる本人確認資料、除籍謄本や死亡診断書等の公的記録（英訳が求められるかなどを含みます。）、任意の代理人により削除を行うことができるか、相続人のみしか削除を行うことができないかなど実際に削除の申請を行う場合に備え一連の流れを確認しておきましょう。

もっとも、利用規約等によっては、任意の代理人からの削除を想定していないケースが多いと思われます。

そのため、アカウントのログインＩＤ及びパスワード等のアクセス情報を利用して削除を行うことを想定し、事前に相談者（委任者）からSNS等のログインＩＤ及びパスワード等のアクセス情報を聴き取り、相談者（委任者）の死亡後に受任者が自らログインして削除を行うことができるよう準備しておくべきでしょう。

ログインに際して、ログインＩＤ及びパスワードの入力以外に、二段階認証としてアプリの利用や、メールアドレス、携帯電話のショートメールサービス（SMS）にセキュリティコードを送信する形での追加認証を求められることがあることにも注意を払う必要があるでしょう。

このような対応が不正アクセス行為の禁止等に関する法律3条及び5条との関係で問題となりますが、相談者（委任者）のログインＩＤ及びパスワード等のアクセス情報を取得した上で、相談者（委任者）の依頼に基づいて削除を行う場合には、正当な理由に基づくアクセスであるとして、不正アクセスには該当しないと考えられます。

もっとも、サービス提供事業者から不正アクセスであるとの指摘を受ける可能性もあるため、死後事務委任契約を締結する際には、具体的なサービスの特定や当該契約に基づいてログインＩＤ及びパスワード等のアクセス情報を提供すること、これを利用して該当のSNS等のアカウントにログインしてアカウントの削除を行うことやアカウントの削除ができない場合の対処方法等に関する条項を具体的に定めておくとよいでしょう。

4 定額課金サービスの解約、利用料金の滞納を原因とする解約の検討

（1） 定額課金サービスの解約

　相談者（委任者）が定額課金サービスのあるアカウントを保有している場合には、死亡後に定額課金サービスの解約手続をしないと定期的な支払が発生し続ける可能性があります。

　相談者（委任者）が定額課金サービスについて死亡後に解約を希望する場合には、受任者において解約手続を行うことが想定できるでしょう。もっとも、利用規約等では、利用者が任意に定める代理人が解約権者として想定されていないために、死後事務委任契約を締結していたとしても、受任者では解約手続に応じてもらえない可能性があります。

　このような場合に備えて、定額課金サービスの解約においても、事前に相談者（委任者）からログインＩＤ及びパスワード等のアクセス情報を聴き取り、相談者（委任者）の死亡後に受任者が自らログインして定額課金サービスの解約手続を行うことができるよう準備しておく必要があります。

　サービス提供事業者から不正アクセスであるとの指摘を受ける可能性もあるため、死後事務委任契約を締結する際には、具体的なサービスの特定や当該契約に基づいてログインＩＤ及びパスワード等のアクセス情報を提供すること、これを利用して該当の定額課金サービスにログインして当該サービスの解約及びアカウントの削除を行うことを具体的に定めておくとよいでしょう。

（2） 利用料金の滞納を原因とする相手方からの解約の検討

　サービス提供事業者の利用規約等によっては、任意の代理人に解約の権限がないとして解約手続を行うことができない可能性があります。

　また、ログインＩＤ及びパスワード等のアクセス情報を取得した上でアクセスを行おうとしても、二段階認証等によりアクセスが困難となる可能性があります。

　そこで、定額課金サービスについては、クレジットカードが解約されたり、利用料金の引き落とし口座が凍結されたりするなどクレジットカードや口座振替による支払ができず利用料金を滞納することで、契約の相手方からの解約の申入れを待つ場合があり得ます。

このような場合には、解約手続が完了するまでは利用料金を負担せざるを得ないこと、ログインID及びパスワード等のアクセス情報を取得していても解約手続ができない可能性があること等を相談者（委任者）に説明しておくことが望ましいでしょう。

定額課金サービスの利用料金については、相続人に請求されることもあり得るため、相続人に対しても説明をしておくとよいでしょう。

5　広告収入等のあるアカウントの処理

(1)　広告収入等のあるアカウントの確認

相談者（委任者）が広告収入等のあるアカウントを保有しているか、死後事務委任契約の委任事務として広告収入等のあるアカウントの削除・報酬の受領を希望するか、死後事務委任契約の定めが遺言に反する内容となっていないか確認していくことになります。

広告収入等のあるアカウントを保有しているかは相談者（委任者）でないと把握できない事柄であるため、受任者としては、相談者（委任者）に対し、サービス提供事業者の名称やアカウント、ログインID及びパスワード等のアクセス情報等を確認しておきましょう。また、報酬を受け取るために設定していた預貯金口座は、相談者（委任者）の死亡を報告したときに凍結されてしまうため、死亡後に報酬を受領するためには一定の手続を行う必要があります。報酬の受領を希望する場合には、相続人において報酬を受領するか、死後事務委任契約の受任者として報酬を受領した上で特定の相続人や受遺者へ引渡しをすることが遺言の内容に抵触しないかなどを検討し、相談者（委任者）に説明しておくとよいでしょう。

広告収入等のあるアカウントについて報酬の受領を行わないままアカウントの削除をしてしまうと、報酬を受領できなくなり、相続人との間で問題となることもあり得ます。

なお、広告収入等のあるアカウントを相続することができるかは、サービス提供事業者の利用規約等の定めによって異なります。サービス提供事業者の利用規約等によっては、アカウントを相続することができない可能性があります。一方で、相談者（委任者）がアカウントに投稿していた動画や写真、文章等が著作権の対象となる場合には、相続人が当該著作権を取得することになると考えられます。

（2） 広告収入等のあるアカウントの処理

　相談者（委任者）が死亡した場合には、ログインＩＤ及びパスワード等のアクセス情報を取得した上で正当な理由に基づくアクセスであるとして削除・報酬の受領を行う方法が考えられます。

　そのため、事前に相談者（委任者）から広告収入等のあるアカウントのログインＩＤ及びパスワード等のアクセス情報を聴き取り、相談者（委任者）の死亡後に受任者が自らログインして解約手続を行うことができるよう準備しておくべきでしょう。

　サービス提供事業者によって削除・報酬の受領の流れが異なるため、事前にヘルプセンター等で手続の流れを確認しておくとよいでしょう。

　死後事務委任契約を締結する際には、具体的なサービスの特定や当該契約に基づいてログインＩＤ及びパスワード等のアクセス情報を提供すること、これを利用して該当の広告収入等のあるアカウントにログインして利用契約の解約手続、報酬の受領及びアカウントの削除を行うことを具体的に定めておくとよいでしょう。

　死後事務委任契約と遺言が抵触する場合には、死後事務委任契約が効力を有しない場合がありますので、注意を払っておきましょう。

6 解約に応じてもらえない場合の相続人・相続財産清算人への引継ぎ

（1） 解約に応じてもらえない場合

　死後事務委任契約においてデジタル遺品に関する条項の定めを置いていたとしても、サービス提供事業者の利用規約等によっては、受任者に任意の代理人としての解約の権限を認めないことから、死後事務委任契約書等を提示することでは委任事務を履行することができない場合があります。

　インターネット上のサービスについては変化のスピードが速く、ログインＩＤ及びパスワード等のアクセス情報を取得し、解約手続をしようとしても、二段階認証以外の生体認証や新しい技術の登場によって、受任者等の第三者がログインをして、アカウントの解約手続を行うことが困難となる可能性もあるでしょう。

　このため、ログインＩＤ及びパスワード等のアクセス情報を取得したにもかかわらず、受任者において利用契約の解約手続やアカウントの削除ができない可能性がある

ことを相談者（委任者）に説明しておくことになるでしょう。

　利用契約の解約手続やアカウントの削除ができない場合には、利用規約等により譲渡や相続を否定されていない限り、契約上の地位は相続人に承継されることになります。サービス提供事業者の利用規約等では、相続人による手続については認めていることが多いため、相続人により利用契約の解約手続やアカウントの削除を行うことが想定されます。

（2）　相続人・相続財産清算人への引継ぎ

　死後事務委任契約においてデジタル遺品に関する条項の定めを置き、受任者がアカウントの削除を行おうとしたとしても、ログインＩＤ及びパスワード等のアクセス情報が当該契約締結時と変わっているなどの事情により委任事務の履行が困難となるケースがあり得ます。

　また、広告収入等のあるアカウントの報酬の受領等が委任事務とされている場合に、死後事務委任契約書等を提示しているにもかかわらず、サービス提供事業者が報酬の支払を拒絶するなど、取引上の社会通念に照らして委任事務の履行が不可能となることもあり得るでしょう。

　デジタル遺品について委任事務を履行することができない場合や、委任事務が履行不能に陥ったとして死後事務委任契約が解除された場合には、広告収入等のあるアカウントの報酬の受領に関する必要書類を相続人又は相続財産清算人に引き継ぐことがあり得ます。

　その上で、受任者は、サービス提供事業者との交渉に要した時間等を加味して、相続人又は相続財産清算人との間で報酬について協議することになるでしょう。

第5章　準備及び履行

【参考書式22】　デジタル遺品に関する条項例
①　〔SNS等の利用契約の解約及びアカウントの削除〕

> 第○条　甲は、乙に対し、本日、以下に定める本件委任事務を乙に委任し、乙はこれを引き受けるものとする。
> 　①　〔省略〕
> 　②　甲が指定するSNSをはじめとするインターネット上で提供されているサービス（以下「SNS等」という。）の利用契約の解約及びアカウントの削除
> 　③　デジタルデータの削除
> 　④　追悼アカウントの設定及び削除
> 　⑤　広告収入等のあるアカウントの削除及び報酬の受領
> 　⑥　〔省略〕
> 第○条　甲は、乙に対し、SNS等の利用契約の解約及びアカウントの削除に関する手続を委任する。
> 2　甲は、乙に対し、前項のSNS等のサービス及びアカウントを特定するに足りる情報、SNS等のログインＩＤ及びパスワードその他のログインに必要な情報を別紙書面で提示ないし提供することとし、これらの情報に変更があったときは、速やかに変更後の情報を提示ないし提供するものとする。
> 3　前項の情報の提示ないし提供を受けたにもかかわらず、乙においてSNS等の利用契約の解除及びアカウントの削除ができない場合、甲は、乙がこれにより生じた損害を賠償する責任を一切負わないことをあらかじめ承諾するものとする。ただし、解約及び削除の手続の対象となるSNS等が課金を伴う場合、甲は乙が利用料金の滞納を原因とする解除の方法によって契約を終了させる可能性があることをあらかじめ承諾するものとする。

②　〔デジタルデータの削除〕

> 第○条　甲は、乙に対し、甲が指定するデジタルデータの削除に関する手続を委任する。
> 2　甲は、乙に対し、前項のうちインターネット上に保存されているデジタルデータについて、サービス名及びアカウントを特定するに足りる情報、ログインＩＤ及びパスワードその他のログイン・削除の各手続に必要な情報を別紙書面で提示ないし提供することとし、これらの情報に変更があったときは、速やかに変更後の情報を提示ないし提供するものとする。
> 3　甲は、乙に対し、有体物に保存されているデジタルデータについて、対象機器及び対象機器の所在地等を特定するに足りる情報、ログインＩＤ及びパスワードその他のログイン・削除の各手続に必要な情報を別紙書面で提示ないし提供することとし、こ

れらの情報に変更があったときは、速やかに変更後の情報を提示ないし提供するものとする。
4　第2項及び前項の情報の提示ないし提供を受けたにもかかわらず、乙においてデジタルデータの削除ができない場合、甲は、乙がこれにより生じた損害を賠償する責任を一切負わないことをあらかじめ承諾するものとする。

③　〔追悼アカウントの設定〕

第○条　甲は、乙に対し、甲が指定するインターネット上で提供されているサービスについて追悼アカウントの設定及び管理に関する手続を委任する。
2　甲は、乙を追悼アカウント管理人に指定するために必要な設定を行う。
3　乙は、甲の死亡を確認したときは、遅滞なく、追悼アカウントの設定及び管理を行う。
4　甲は、乙に対し、追悼アカウントの設定を希望するサービス名及びアカウントを特定するに足りる情報、ログインID及びパスワードその他のログイン・削除の各手続に必要な情報を別紙書面で提示ないし提供することとし、これらの情報に変更があったときは、速やかに変更後の情報を提示ないし提供するものとする。
5　前項の情報の提示ないし提供を受けたにもかかわらず、乙において追悼アカウントの設定及び管理ができない場合、甲は、乙がこれにより生じた損害を賠償する責任を一切負わないことをあらかじめ承諾するものとする。
6　乙は、甲の死亡から○年が経過した後、速やかに追悼アカウントの削除を行い、これをもって追悼アカウントの設定及び管理に関する事務を終了するものとする。ただし、利用規約の変更等により追悼アカウントの削除ができない場合、甲は、乙がこれにより生じた損害を賠償する責任を一切負わないことをあらかじめ承諾するものとする。

④　〔広告収入等のあるアカウントの削除及び報酬の受領・引渡し〕

第○条　甲は、乙に対し、甲が指定するインターネット上で提供されているサービスについて広告収入等のあるアカウントの削除及び報酬の受領・引渡しに関する手続を委任する。
2　甲は、乙に対し、広告収入等のあるアカウントの削除及び報酬の受領・引渡しを希望するサービス名及びアカウントを特定するに足りる情報、ログインID及びパスワードその他のログイン・削除及び報酬の受領・引渡しの各手続に必要な情報を別紙書面で提示ないし提供することとし、これらの情報に変更があったときは、速やかに変

更後の情報を提示ないし提供するものとする。
3　乙は、甲の死亡を確認したときは、遅滞なく、広告収入等のあるアカウントにログインして削除及び報酬の受領・引渡しを行う。
4　甲は、乙に対し、甲の死亡後に広告収入等のあるアカウントから交付される報酬（以下「当該報酬」という。）について受領する権限があることを認める。乙は、当該報酬と乙の財産を分別して管理しなければならない。
5　乙は、当該報酬を受領後、速やかに当該報酬を遺言執行者に引き渡す。
6　乙が前項の引渡しを試みたにもかかわらず、遺言執行者と連絡がとれなかったり、遺言執行者への当該報酬の引渡しを拒否されたりするなどの事情により当該報酬の引渡しができなかったときは、当該報酬を供託することができる。
7　乙は、当該報酬及び預託金から死後事務委任契約の履行に要した費用の支払を受けることができる。
8　乙は、当該報酬の受領後、速やかに広告収入等のあるアカウントの削除を行い、これをもって広告収入等のあるアカウントの削除及び報酬の受領・引渡しに関する事務を終了するものとする。
9　第2項の情報の提示ないし提供を受けたにもかかわらず、乙において広告収入等のあるアカウントの削除及び報酬の受領・引渡しができない場合、甲は、乙がこれにより生じた損害を賠償する責任を一切負わないことをあらかじめ承諾するものとする。

第7 ペットに関する準備及び履行

＜フローチャート～ペットに関する準備及び履行＞

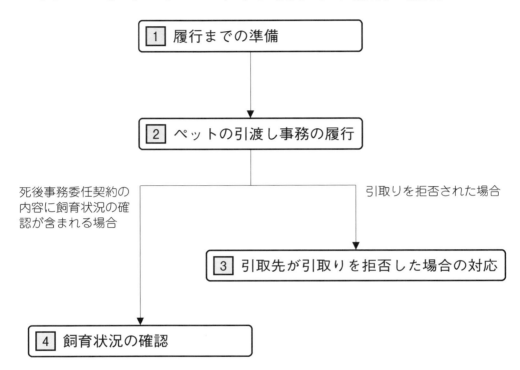

1 履行までの準備

　死後事務委任契約の受任者において、相談者（委任者）死亡の事実を把握した場合、生命ある存在であるペットの現状を速やかに確認し、ペットを安全健康な状態で引取先に引き渡せるよう準備を行う必要があります。

(1) ペットの現状確認

　死後事務委任契約締結時点においては、相談者（委任者）自身が自宅でペットを飼育していることがほとんどですが、相談者（委任者）の死亡時点においては、相談者（委任者）が病院に入院したり、高齢者施設等に入所したりしていることも多く、ペットがどこで、誰によって飼育されているか不明な場合も存在します。このため、当該契約締結時点からペットの飼育場所等に変更がある場合には、ペットの現状を速やかに把握することが求められます。受任者が相談者（委任者）からペットの飼育場所等に変更があったことを知らされていなかった場合には、相談者（委任者）の相続人・親族・関係者からヒアリングするなどして、ペットの現状の把握に努めましょう。

　また、受任者がペットの飼育場所等を把握できた場合には、実際にペットの飼育場所へ行き、ペットの飼育状況や健康状態について確認しましょう。

　さらに、相談者（委任者）とは別の者がペットを飼育している場合には、ペットに関する死後事務委任契約の内容について説明し、引取先への引渡しまでの間、飼育を継続してもらえるか等を相談する必要があります。

(2) 引取先の引取り意思の確認、引取りに必要な書類等の準備

　ペットの現状を把握できたら、引取先に対し、相談者（委任者）死亡の事実を連絡の上、引取りの意思を確認し、引取りの意思を有する場合には、引取り日時や場所等を調整することになります。

　また、引取り時に必要な書類等がそろっているか確認し、準備をする必要があります。特に、予防接種は死後事務委任契約締結後も継続的に行われているはずですので、当該契約締結以降の予防接種証明書を相談者（委任者）から引き継げていない場合には、当該予防接種証明書の所在を確認する必要があります。

(3) 一時的な預け先への引渡し

　引取先への引渡しに時間を要するにもかかわらず、ペットを飼育する者がいない場

合や現在の飼育者から飼育について協力を得られない場合においては、死後事務委任契約において一時的な預け先として指定したペットホテル等にペットを速やかに引き渡しましょう。

> ケーススタディ

Q 相談者（委任者）Aが死亡しました。Aは、ペットの引取先として、Aの相続人Bを指定していますが、現在、ペットはAの相続人Cが飼育しています。Cはペットを今後も飼育することを希望しており、ペットの引渡しを拒否しています。受任者としては、どのように対応すべきでしょうか。

A 死後事務委任契約の受任者としては、まずは、Cに対し、ペットに関する死後事務委任契約の内容を丁寧に説明し、理解を得られるよう努めましょう。

　それでも、Cが納得しない場合は、死後事務委任契約の内容を実現することは困難になりますが、Aが、このような事態に備えて、ペットに関し、Bにペットを相続又は遺贈する旨の特定財産承継遺言や遺贈をしている場合には、遺言執行者へ連絡の上、遺言執行者からCに対してペットの引渡しを求めるよう依頼することになると思われます。

2　ペットの引渡し事務の履行

　死後事務委任契約の受任者が、相談者（委任者）の死亡後、ペットの現状を把握できたら、引取先へ速やかにペットを引き渡す必要があります。

（1）ペットの引渡し

　引取先と引取りの日時や場所等を調整後、実際にペットを引取先に引き渡すことになります。

　受任者において、ペットを引取先まで送り届ける場合、ペットの大きさや移動距離等によっては送迎車を手配したり、ペット専門の輸送業者へ依頼したりする必要があります。

　また、ペットが引取先への移動や環境の変化で不安になることも想定されますので、

これまでペットが使用していた寝具やおもちゃ等を一緒に持参するなど、引取先とも協議の上、ペットが不安にならないよう配慮するとよいでしょう。

（2） ペットに関する基本情報の引継ぎ、書類等の引渡し

ペットの引渡しに際しては、引取先に対し、相談者（委任者）から確認したペットの名前や年齢等の基本情報、ペットの病歴や入通院歴、ペットが日頃受診している動物病院の名称や連絡先を伝えるとともに、ペットの予防接種証明書、犬又は猫の場合は登録証明書、動物病院の診察券等を引き渡しましょう。

引渡し時には、ペットや引き渡した書類等についての受領書を用意しておき、引取先からサインをもらうなど、引渡しの有無について事後的に争いが生じないようにすることが大切です。

（3） 飼育料等の費用の支払

死後事務委任契約において、引取先に対する飼育料等の費用の支払について委任を受けている場合には、引取先に対し、飼育料等の費用の支払を行います。

費用の支払についても、領収書を準備するなどして、金銭のやり取りを明確にしておきましょう。

【ケーススタディ】

Q 相談者（委任者）Aとの死後事務委任契約において、引取先に対する飼育料等の費用の支払について委任を受けましたが、Aから飼育料等の費用を預かりませんでした。Aの死亡後、受任者において、飼育料等の費用を立て替えた場合、Aの相続人に対し、立替費用を請求することはできますか。

A 死後事務に要する費用は、相談者（委任者）から前払を受け、受任者において預かり保管しておくことも、受任者において立て替えて支払った上で、事後的に精算することも可能です。

受任者が費用を立て替えた場合、受任者は、相談者（委任者）の相続人に対して当該立替費用を請求することになります。他方、相談者（委任者）に相続人がいない場合には、受任者は、相続財産清算人に対して立替費用を請求することになります。

もっとも、いずれの場合においても、立替費用を回収するまでには時間を要する可能性がある点に注意が必要ですし、相談者（委任者）の相続人や相続財産清算人から回収することを期待して、受任者において死後事務に要する費用を立て替えたものの、事後的に相談者（委任者）が当該立替費用を賄うに足るだけの相続財産を有していなかったことが発覚した場合、受任者は当該立替費用を回収できないリスクもあります。

　以上より、本ケースにおいても、受任者において飼育料等の費用を立て替えた場合、Ａの相続人に対して立替費用を請求することは可能です。ただし、前記リスクを踏まえると、飼育料等の費用については、受任者において立て替えて事後的に精算するのではなく、やはり、死後事務委任契約締結時点において、Ａから事前に預かっておくことが望ましいでしょう。

3　引取先が引取りを拒否した場合の対応

　相談者（委任者）の死亡後、受任者において、引取先に対し、相談者（委任者）死亡の事実を連絡し、ペットの引取り意思を確認したところ、引取りを拒否されることもあり得ます。引取先に引取りを拒否された場合の受任者の対応方法は死後事務委任契約の内容により異なる点に注意が必要です。

（1）　死後事務委任契約に定めがある場合

　死後事務委任契約において、第１候補である引取先が引取りを拒否した場合に備えて、予備的に第２候補の引取先が定められている場合は、第２候補の引取先に対して連絡の上、ペットの引取り意思の確認を行い、引取り意思を有する場合は、引渡しを行います。

　また、死後事務委任契約において、ペットの引取先がペットの引取りを拒否したときは、受任者において、適宜の引取先を決定し、引渡しができる旨の定めがある場合には、速やかに、ペットが安心して生活できる環境を提供できる引取先を選定し、ペットを引き渡しましょう。なお、都道府県等における引取りも可能ですが、引取り後に譲渡先が見つからない場合、殺処分となることが多く、都道府県等への譲渡はできる限り回避すべきです。

(2) 死後事務委任契約に定めがない場合

　死後事務委任契約において、ペットの引取先がペットの引取りを拒否した場合について定めがないときは、受任者は、ペットの引取先を自由に決定できる権限を当然に有するわけではない点に注意が必要です。

　現実的には、相談者（委任者）の相続人に対して連絡の上、ペットの処遇について相談せざるを得ないでしょう。

　この点からも、死後事務委任契約において、ペットの引取先がペットの引取りを拒否した場合に、受任者において、適宜の引取先を決定し、引渡しができる旨を定めておくことが重要です。

ケーススタディ

Q　相談者（委任者）Aが死後事務委任契約において、ペットの引取先として指定した知人Bに対し、引取り意思を確認したところ、引取りを検討したいので時間がほしいと言われました。Aは、Bが引取りを拒否した場合に備えて、予備的に知人Cを引取先として指定しています。Bの検討を待つ必要はありますか。

A　引取先に引取りを検討する期間を与えるか、当該期間をどの程度の長さとするかは、死後事務委任契約に定めがない限り、受任者の裁量によるものといえます。もっとも、本ケースにおいては、Aの「知人Bに引き取ってもらいたい」という意思を尊重することが望ましく、また、引取先がペットを引き取るに当たっても、ペットの生活環境の整備や家族等の理解も必要であることから、Bの検討を待つのが望ましいでしょう。

　しかしながら、Bの検討が長期間に及ぶ場合は、検討を待つ間のペットの預け先の確保等も必要となります。そのため、Bに対しては、検討期間を設定した上で引取り意思に関する回答を求め、当該検討期間内に回答がない場合は、引取りを拒否したものとして取り扱う旨を説明するとよいでしょう。

4　飼育状況の確認

　引取先に対するペットの引渡しが完了した場合、死後事務委任契約の受任者において、その後もペットの飼育状況を確認することが必要かは、当該契約の内容により異なります。

（1） 死後事務委任契約に定めがある場合

　死後事務委任契約の内容に引渡し後のペットの飼育状況を確認することが含まれている場合、受任者は、当該契約において定められた確認の期間や頻度に応じ、ペットの飼育状況の確認をしなければなりません。
　具体的には、引取先に対し、ペットの飼育状況を電話等で問い合わせるほか、必要に応じて、引取先を訪問し、ペットが安全に飼育されているか確認しましょう。なお、死後事務委任契約において、引渡し後のペットの飼育状況を確認することを定める場合であっても、確認期間が長期間に及ばないよう限定しておくことが望ましいでしょう。

（2） 死後事務委任契約に定めがない場合

　死後事務委任契約の内容に引渡し後のペットの飼育状況を確認することが含まれていない場合、受任者は、当該契約に基づき、引渡し後のペットの飼育状況を確認する義務を負うものではありません。

【ケーススタディ】

Q 死後事務委任契約に引渡し後のペットの飼育状況を確認する旨の定めがあり、当該定めに基づき、引渡し後のペットの飼育状況を確認したところ、適切な飼育が行われておらず、動物虐待が行われていることが明らかになりました。受任者としては、どのように対応すべきでしょうか。

A 死後事務委任契約において定められているのは、引渡し後のペットの飼育状況の確認であり、死後事務委任契約上は、飼育状況の確認を超えて何らかの対応をすることまで義務付けられているわけではありません。
　しかしながら、愛護動物の虐待は犯罪行為です（動物愛護44）。受任者において、動物虐待に関する事実を確認した場合は、警察へ通報するなどし、自らの死亡後もペットが安心して生活できる環境を確保したいという相談者（委任者）の意思が実現できるよう、可能な範囲での対応を検討しましょう。

第 6 章

死後事務委任契約の終了

＜フローチャート～死後事務委任契約の終了＞

┌─────────────────────────────────┐
│ 1 預り金の余剰分の返還又は立替金の請求 │
│   と報酬の受領   │
└─────────────────────────────────┘
                    ↓
┌─────────────────────────────────┐
│ 2 死後事務の履行完了に伴う報告と金銭・ │
│   物品等の引渡し   │
└─────────────────────────────────┘

1 預り金の余剰分の返還又は立替金の請求と報酬の受領

　死後事務委任契約の受任者は、死後事務を履行する中で、死後事務に要する費用のための預り金がある場合には、死後事務に要する費用は当該預り金から捻出することになります。また、死後事務に要する費用を立て替えて支払う場合には、立て替えた都度又は立替金がある程度の額に達した段階で相続人又は相続財産清算人に対して請求することになります。

　このように受任者は、必要な費用を確保しながら、死後事務を履行し、最終的に手続が完了したときに、これまでに要した費用を改めて精査し、預り金の返還又は立替金の請求等必要な精算をすることになります。そして、当該契約に報酬の定めがある場合には、履行の完了に伴う報酬を受領することになります。

（1） 死後事務に要する費用の記録化と見直し

　死後事務委任契約における死後事務の履行が完了したときに、死後事務の内容及びこれに要した費用を報告することになりますので（民645）、死後事務の履行の過程における収入と支出をきちんと記録化しておく必要があります。そして、死後事務の履行が完了した時点において、収支記録等に誤りがないか改めて見直しましょう。

　死後事務の履行の過程において処理すべき事務は多岐にわたるとともに、完了までに時間を要することも多いため、受任者は自らが行った死後事務の内容及びこれに要した費用をその都度記録化するよう心掛け、後から見直したときに不明瞭な点がないようにしておきましょう。また、支出した費用の領収書等の資料も合わせて保管しておくとよいでしょう。

　特に相談者（委任者）から死後事務に要する費用のためにあらかじめ現金を預かっている場合には、常に預り金の残高を把握し、今後の死後事務を履行する中で不足することが予想される場合にはあらかじめ相続人又は相続財産清算人に請求する必要があるため、収支記録等を作成しておくことが非常に重要です。

（2） 預り金に余剰が生じた場合の処理

　死後事務に要する費用として預かった現金は、死後事務を履行するための資金として相談者（委任者）が受任者に預託した現金であるため、その現金に余剰が生じた場合には、民法646条に基づき、被相続人の財産に属した一切の権利義務を相続し、死後

事務委任契約における相談者（委任者）の地位を承継した相続人又は相続財産清算人に返還することになります。

ただし、以下のとおり、一定の場合に、預り金の余剰分から報酬を受領することができます。

◆余剰分からの報酬の受領の可否

死後事務委任契約も委任契約であることから、委任契約における受任者は原則として無報酬とされており、契約に定めがある場合にのみ報酬を請求することができます（民648①）。また、死後事務委任契約における受任者の報酬は、請求する時期が契約に定められていない場合、委任事務の履行が完了して初めて請求できることになります（民648②）。そのため、受任者は、委任事務の履行後、相談者（委任者）の地位を承継した相続人又は相続財産清算人に対して報酬を請求することになります（第3章 3（4）参照）。

ただし、死後事務委任契約の受任者は、相談者（委任者）の財産を処分する権限を有していないため、相談者（委任者）から預託を受けた預り金に余剰が生じているとしても、当該契約に定めがなければ、その預り金から報酬を当然に支出することはできません。

　ア　死後事務委任契約において預り金に余剰が生じた場合の当該余剰分を受任者の報酬に充当する定めや、追加報酬とする旨の定めに基づく報酬の受領

死後事務委任契約の締結段階で預り金の余剰を生じさせないために、あらかじめ預り金に余剰が生じた場合を見越して、預り金の余剰分を受任者の報酬に充当すること、それでも余剰が生じたときには当該余剰分を全て受任者の追加報酬とみなす旨の定めがあれば、当該余剰分は全て受任者の報酬として受領することができます（第3章 3（6）参照）。

　イ　相殺による報酬の受領

死後事務委任契約における受任者は、相談者（委任者）の財産を処分する権限を有しているものではないため、前記アのような定めがない場合には相談者（委任者）から預託を受けた預り金から報酬を当然に支出することはできません。

しかしながら、受任者から相続人又は相続財産清算人に対する報酬請求権を自働債権、相続人又は相続財産清算人から受任者に対する預り金の返還請求権を受働債権として、民法505条1項に基づく相殺の意思表示を行うことで預り金から報酬を受領することが可能となります。

ただし、この手続は、相殺の要件を充たしていることのほかに、相手方への意思表

示が必要となるため、相談者（委任者）の相続人が存在し、その住所や居所等が明らかであればともかく、相続人が不存在で相続財産清算人が選任されていない場合等、相殺の意思表示を相手方に到達させることが困難なケースでは有効な手段とはいえないことに注意が必要です。

◆相談者（委任者）に遺言がない場合の余剰分の返還先
　ア　相続人がいる場合
　死後事務に要する費用について必要な精算を行ってもなお預り金に余剰が生じた場合には、民法646条に基づき、被相続人の財産に属した一切の権利義務を相続し、死後事務委任契約における相談者（委任者）の地位を承継した相続人に返還することになります。万が一、受任者がこの返還義務を怠ると、受任者の債務不履行となってしまい、相談者（委任者）の相続人から当該余剰分の返還を請求されてしまう事態にもなりかねません。相談者（委任者）に相続人がいる場合は、履行の完了後に当該余剰分を速やかに相談者（委任者）の相続人に返還することになります。

　なお、相談者（委任者）の相続人が存在することが分かっているものの、その住所や居所等が不明の場合は、弁済供託をしたり（民494①二）、家庭裁判所に対して不在者財産管理人の選任を申し立て（民25①）、家庭裁判所が選任した管理人に当該余剰分を返還することが考えられます。

　イ　相続人が不存在の場合
　相続人が不存在の場合には、後記の返還の方法があると考えます。
① 　家庭裁判所に対して相続財産清算人の選任を申し立て、家庭裁判所が選任した相続財産清算人に当該余剰分を支払う方法
② 　当該余剰分を民法494条に基づき相続財産法人に供託する方法
③ 　当該余剰分を死亡した相談者（委任者）の預貯金口座へ全額入金し、当該預貯金口座を凍結する方法

　もともと相続人がいなかったり、相続人全員が相続の放棄をしたりするなど相続人が不存在の場合は、相続財産法人が成立することになりますが（民951）、法律上、相続財産法人が成立していたとしても、当該法人に管理者がいるとは限りません。

　このような場合、通常は、預り金の残額である当該余剰分を保有している受任者が、利害関係人として、相続財産清算人の選任を申し立てるのが本来の方法（①の方法）です。

　なお、家庭裁判所へ予納金を支払う必要があるなど、相当程度の費用を要することになるため、相談者（委任者）の資産の程度によっては相続財産清算人の選任を前提

とした処理を進めることができない場合があります。

そこで、このような場合には、相続財産法人が成立したが管理人が選任されておらず、相続財産法人が当該余剰分を受領することができない状態であることを根拠に供託すること（民494①二）が可能です（②の方法）。また、当該余剰分が少額であり、生前の相談者（委任者）の預貯金口座を受任者が知っており、相談者（委任者）の死亡により預貯金口座が凍結されていない場合には、最終手段として、死亡した相談者（委任者）の預貯金口座へ全額入金した後に当該預貯金口座を凍結する方法（③の方法）が考えられます。

このように、本来的な手続としての①の方法（相続財産清算人を選任する方法）から、②の方法（供託する方法）及び③の方法（相談者（委任者）の預貯金口座へ入金し当該預貯金口座を凍結する方法）という順で検討・処理する必要があります。

◆遺言において預り金に余剰が生じた場合の当該余剰分の返還先と遺言執行者の定めがある場合

相談者（委任者）が遺言において、あらかじめ預り金に余剰が生じた場合を想定して、当該余剰分の返還先を相続人や受遺者とするとともに、遺言執行者の定めを置いている場合や清算型遺贈（遺言で遺言執行者を指定しておき、その遺言執行者が被相続人の相続財産の売却や解約等の換価手続を経て、相続債務や諸経費等を精算した残額を相続人又は受遺者に遺贈する方式）の遺言を作成している場合に、受任者は遺言執行者に当該余剰分の処理を任せることができます。遺言執行者は、遺言の内容を実現するため、相続財産の管理その他遺言の執行に必要な一切の行為をする権利義務を有しますから（民1012①）、当該余剰分は遺言執行者に返還すれば足ります（第3章 3 参照）。また、受任者が遺言執行者を兼任している場合には、遺言執行者として遺言に従った処理をすることになります。

（3） 預り金が不足して受任者が死後事務に要する費用を立て替えている場合

◆相談者（委任者）に遺言がない場合の立替費用の請求先

ア 相続人がいる場合

民法上、委任契約においては、受任者は、委任者に対し、委任事務を処理するために必要な費用の前払を請求することができます（民649）。また、受任者が費用を立て替

えた場合には、受任者はその費用を請求することができます（民650①）。

そして、その請求先は、相続の制度上、被相続人の財産に属した一切の権利義務を相続し、死後事務委任契約における相談者（委任者）の地位を承継した相続人となり、相談者（委任者）の相続人は、受任者に対し、受任者が立て替えた費用の支払をする義務があります。

　　イ　相続人が不存在の場合

相続人が不存在の場合には、家庭裁判所に対して相続財産清算人の選任を申し立てます。その上で、家庭裁判所が選任した相続財産清算人に対し、預り金に不足が生じた場合の当該不足分を請求することになります。

◆遺言において死後事務に要する費用の精算と遺言執行者の定めがある場合

相談者（委任者）が遺言において、あらかじめ預り金に不足が生じた場合を想定して、預り金に不足が生じた場合の当該不足分や死後事務の履行完了後の報酬に関して、「死後事務に要する費用及び死後事務の報酬を相続財産から支払う」旨が明記され、遺言執行者が指定されている場合には、受任者は、遺言執行者より円滑に当該費用及び報酬を受領することができます。遺言執行者は、遺言の内容を実現するため、相続財産の管理その他遺言の執行に必要な一切の行為をする権利義務を有しますから（民1012①）、当該立替費用を精算した際に生じた不足分は遺言執行者に請求すれば足ります。また、受任者が遺言執行者を兼任している場合には、遺言執行者として自ら立替費用を捻出できるため、円滑に精算処理をすることができます。

（4）　報酬の受領

受任者が、死後事務委任契約の締結時に報酬に相当する現金を相談者（委任者）からあらかじめ預かっている場合や、前記のとおり、死後事務に要する費用の余剰分があり、当該契約に定めがある場合には、預り金から報酬を受領することになります。しかしながら、そのような預り金が存在しない場合には、死後事務に要する費用を立て替えた場合と同様の手順で、相続人、相続財産清算人又は遺言執行者（遺言において死後事務の報酬の支払と遺言執行者の定めがある場合）に対して請求することになります。

2 死後事務の履行完了に伴う報告と金銭・物品等の引渡し

（1） 相続人がいる場合の相続人への報告と金銭・物品等の引渡し

◆収支計算報告書の提出

　相談者（委任者）の相続人は、相談者（委任者）の死亡により、被相続人の財産に属した一切の権利義務を承継するため（民896本文）、受任者は、相談者（委任者）の地位を承継した相続人に対し、死後事務委任契約に基づく報告義務（民645）を負うことになります。

　実務上は、受任者がこれまで履行してきた死後事務の内容やそれに伴う入出金（報酬を出金した場合も含みます。）の一覧表を作成するとともに、領収書等収支の裏付資料を添付した収支計算報告書を作成し、相談者（委任者）の地位を承継した相続人に提出します。

◆金銭・物品等の引渡し先

　ア　相談者（委任者）に遺言がない場合

　受任者は、死後事務を履行した際に受領した金銭や物品等がある場合、相談者（委任者）に遺言がなければ、当該金銭や物品等については相談者（委任者）の地位を承継した相続人に引き渡さなければなりません。

　イ　相談者（委任者）に遺言があり、遺言執行者の定めがある場合

　受任者は、死後事務を履行した際に受領した金銭や物品等がある場合、相談者（委任者）に遺言があり、遺言執行者が定められていれば（遺言はあるものの遺言執行者が定められていない場合には、家庭裁判所に対して遺言執行者の選任を申し立てることになります。）、当該金銭や物品等については遺言執行者にその処理を任せることができます。

　遺言執行者は、遺言内容の実現のため、相続財産の管理その他遺言の執行に必要な一切の行為をする権利義務を有するため（民1012①）、金銭や物品等の処理は遺言執行者に引き渡すことで完了します。また、受任者が遺言執行者を兼任している場合には、遺言執行者として遺言に従った処理をすることになります。

◆相続人が複数の場合の注意点

　ア　収支計算報告書を提出する際の注意点

　受任者は、死後事務委任契約における報告義務の履行として、相談者（委任者）の

地位を承継した相続人全員に対して収支計算報告書を提出することが望ましいです。

 イ 金銭・物品等を引き渡す際の注意点

 受任者は、死後事務委任契約における受取物引渡義務の履行として、相続人の代表者を決めてもらい、その代表者に対して金銭や物品等を引き渡すことが最良の方法です。

 なお、相続人の代表者を決める際には、各相続人により、特定の相続人を代表者とする内容の相続人代表者選任届を提出してもらうなど、特定の相続人への引渡し後に、他の相続人との間でトラブルにならないよう慎重に対応する必要があります。

 （ア） 金銭の引渡しに際して生じやすいトラブル

 金銭の引渡しに際して、知れたる相続人全員が受領を拒絶する場合には、民法494条1項1号による供託をすることになります（大阪家庭裁判所家事第4部後見係（大阪家裁後見センター）「大阪家裁後見センターだより（連載第6回）」月刊大阪弁護士会2018年4月号84頁）。なお、相続人が1人であり、当該相続人が受領を拒絶する場合においても、この方法を用いることができます。

 相続人全員が代表者を選任する方法ではなく、直接の受領を希望する場合には、預り金の残額を相談者（委任者）名義の預貯金口座に入金し、凍結させた上で、相続人の1人に預貯金通帳等を引き渡すという処理があり得ます（大阪家庭裁判所家事第4部後見係（大阪家裁後見センター）「大阪家裁後見センターだより（連載第21回）」月刊大阪弁護士会2020年10月号51～52頁）。

 （イ） 物品等の引渡しに際して生じやすいトラブル

 物品等については、性質上、不可分債務として、相続人の1人に対して引き渡せばよいことになりますが、相続人全員が受領を拒絶する場合においては、相続人全員から廃棄の同意を取得することで当該物品等を廃棄処分する方法も考えられます。なお、相続人が1人であり、当該相続人が受領を拒絶する場合においても、この方法を用いることができます。

（2）　相続人が不存在の場合の相続財産清算人への報告と金銭・物品等の引渡し

◆収支計算報告書の提出

 相続人が不存在の場合であっても、相続財産清算人が選任されているときには、受任者は、相続財産清算人に対し、委任事務について報告義務を負います。

 相続人がいる場合と同様、収支計算報告書を作成し、相続財産清算人に提出します。

◆金銭・物品等の引渡し先

ア　相談者（委任者）に遺言がない場合

　もともと相続人がいない場合や、相続人全員が相続の放棄をして相続人が不存在の場合で、死後事務を履行した際に受領した金銭や物品等がある場合には、遺言がなければ、受任者が利害関係人として相続財産清算人の選任を申し立て、相続財産清算人に引き渡すのが本来の方法です。

　ただし、当該選任手続については、家庭裁判所へ予納金を支払う必要があるなど相当程度の費用を要することになるため、相談者（委任者）の資産の程度によっては相続財産清算人を選任できない場合があります。

　そこで、金銭については、相続財産法人に供託する方法（民494①二）や、死亡した相談者（委任者）の預貯金口座へ全額入金した後に当該預貯金口座を凍結する方法が考えられます。

　ただし、物品等に関しては、供託や預貯金口座への入金という方法はとれないため、相続財産清算人選任の申立て（民952）や廃棄処分等相続財産の保存に必要な処分の申立て（民897の2）を検討することになります。

イ　相談者（委任者）に遺言があり、遺言執行者の定めがある場合

　受任者は、死後事務を履行した際に受領した金銭や物品等がある場合、相談者（委任者）に遺言があり、遺言執行者が定められていれば（遺言はあるものの遺言執行者が定められていない場合には、家庭裁判所に対して遺言執行者の選任を申し立てることになります。）、当該金銭や物品等については遺言執行者にその処理を任せることができます。

　遺言執行者は、遺言内容の実現のため、相続財産の管理その他遺言の執行に必要な一切の行為をする権利義務を有するため（民1012①）、金銭や物品等の処理は遺言執行者に引き渡すことで完了します。また、受任者と遺言執行者を兼任している場合には、遺言執行者として遺言に従った処理をすることになります。

【参考書式23】　収支計算報告書

○○○○　様

収支計算報告書
（令和○年○月○日から令和○年○月○日まで）

令和○年○月○日
作成者　　○○○○

年月日	業務の内容	収入(円)	支出(円)	備考
令和○年○月○日	相談者（委任者）からの預り金入金	○○		
令和○年○月○日	火葬費用		○○	領収書（番号1）添付
令和○年○月○日	通夜費用		○○	領収書（番号2）添付
令和○年○月○日	葬儀費用		○○	領収書（番号3）添付
	（合計）	○○	○○	
	差引		○○	

【参考書式24】　事務処理報告書

〇〇〇〇　様

事務処理報告書

令和〇年〇月〇日
作成者　　〇〇〇〇

1	事務内容	葬儀
	日　時	令和〇年〇月〇日　〇時〇分　～　〇時〇分
	備　考	〇〇セレモニーホールで実施
2	事務内容	
	日　時	
	備　考	
3	事務内容	
	日　時	
	備　考	
4	事務内容	
	日　時	
	備　考	
5	事務内容	
	日　時	
	備　考	

死後事務委任契約　相談対応マニュアル
－契約の提案から締結・履行、
　　　　　　　事務の終了まで－

令和6年10月28日　初版発行

編集代表　尾　島　史　賢
発行者　河　合　誠　一　郎

発行所	新日本法規出版株式会社
本　　社 総轄本部	(460-8455)　名古屋市中区栄1－23－20
東京本社	(162-8407)　東京都新宿区市谷砂土原町2－6
支社・営業所	札幌・仙台・関東・東京・名古屋・大阪・高松 広島・福岡
ホームページ	https://www.sn-hoki.co.jp/

【お問い合わせ窓口】
新日本法規出版コンタクトセンター
📞 0120-089-339（通話料無料）
●受付時間／9：00～16：30（土日・祝日を除く）

※本書の無断転載・複製は、著作権法上の例外を除き禁じられています。
※落丁・乱丁本はお取替えします。　　ISBN978-4-7882-9391-5
5100340　死後委任相談　　　　　　Ⓒ尾島史賢 2024 Printed in Japan

併せてご活用ください！

実務家が陥りやすい
死後事務委任契約の落とし穴

編集代表	尾島 史賢（弁護士・関西大学大学院法務研究科教授）
編集委員	溝上 絢子（弁護士） 仲谷 仁志（弁護士）

Point 1
契約の締結から履行、終了時におけるありがちな「誤認例」を取り上げています。

Point 2
間違いの要因を示しつつ、正しい処理を行うために必要な実務上の留意点を解説しています。

Point 3
弁護士、司法書士、社会福祉士など、死後事務委任契約の受任者すべてが利用できる内容です。

2023年9月発行
A5判・総頁202頁
定価2,750円（本体2,500円）送料410円

電子書籍も新日本法規WEBサイトで販売中!!
＜電子版＞定価2,530円（本体2,300円）
※閲覧はストリーミング形式になりますので、インターネットへの接続環境が必要です。

📞 **0120-089-339** （通話料無料）
受付時間 9:00～16:30（土・日・祝日を除く）
WEBサイト https://www.sn-hoki.co.jp/

詳細はコチラ！